Vietnamesisches Kochbuch

Pho Suppen, Bánh Xéo und vieles mehr ganz leicht selber machen

Mit 100 Rezepten und vegetarischen Gerichten

1. Auflage

©2022 Ngoc Han Nguyen

Alle Rechte vorbehalten.

Alle Ratschläge in diesem Buch wurden sorgfältig erwogen und geprüft. Eine Garantie kann dennoch nicht übernommen werden. Eine Haftung des Autors beziehungsweise des Verlags für jegliche Personen-, Sach- und Vermögensschäden ist daher ausgeschlossen.

Alle Rechte, insbesondere das Recht der Vervielfältigung und Verbreitung der Übersetzung, vorbehalten. Kein Teil des Werkes darf in irgendeiner Form (durch Fotokopie, Mikrofilm oder ein anderes Verfahren) ohne schriftliche Genehmigung des Verlages reproduziert oder unter Verwendung elektronischer Systeme gespeichert, verarbeitet, vervielfältigt oder verbreitet werden.

Vorwort

Die Vietnamesische Küche hat viel zu bieten. Sie bereichert die tägliche Ernährung nicht nur mit einem unglaublichen Geschmack, sondern bringt aufgrund vieler Kräuter und frischer Zutaten viele gesundheitliche Vorteile mit sich.

Dieses Kochbuch bringt Ihnen mit 100 Rezepten, die vietnamesische Küche nach Hause. Schritt für Schritt werden Sie sich die leckersten und bekanntesten Gerichte Vietnams zubereiten können.

Darunter die sehr bekannten Pho Suppen, die berühmten Bánh Xéo Gerichte oder auch Gerichte mit Schwein, Geflügel, Rind und Fisch. Falls Sie sie sich mehr für die vegetarische Zubereitung begeistern können, finden Sie hier auch einige vegetarische Rezepte.

Für diejenigen, die tief in die vietnamesische Küche eintauchen wollen, bietet dieses Kochbuch sogar Rezepte an, mit denen Sie Reisnudeln, Reismehl und Reispapier selber herstellen können.

Zuletzt sollte man nicht die unglaublich leckeren Nachtischrezepte auslassen. Von Ché Ba´Ba zu Klebereis mit Mango sind einige spezielle Nachtische vertreten. Als kleines Extra erwarten Sie zudem typisch vietnamesische Getränke, die unbedingt einmal probiert werden sollten!

Bereichern Sie Ihre Küche und steigen Sie in das kulinarische vietnamesische Küchenabenteuer ein. Denn sie hat so viel so bieten!

Viel Spaß beim Kochen und guten Appetit!

Rezeptübersicht

Grundrezepte

Reispapier selber machen

Zubereitungszeit: 60-90 Minuten

Schwierigkeitsgrad: Leicht

Zutatenliste für 4 Portionen:

3 Tassen Reis, 3 Tassen Wasser, 1 TL Salz

Zubereitung:

1. Den Reis mit reichlich Wasser bedecken und 7 Stunden einweichen lassen. Danach den Reis gründlich auswaschen.

2. Die 3 Tassen Reis mit den 3 Tassen frischem Wasser in den Mixer geben und zerkleinern. Es sollte eine milchige Brühe entstehen. Diese Brühe für 1 Stunde stehen lassen.

3. Einen Topf mit Wasser aufsetzen. Über den Topf spannt man nun ein Tuch, ein Kleines Loch rein machen, damit das Wasser ablaufen und der Dampf aufsteigen kann.

4. Auf das gespannte Tuch gibt man nun Kelle für Kelle die Reismilch und streicht diese in kreisenden Bewegungen nach außen hin. Wenn die Masse klebrig wird mit einem Deckel abdecken und 1-2 Minuten garen.

5. Das Reispapier wird mit einem ganz dünnen Essstäbchen vom Stoff getrennt und bei Seite gelegt. Immer die obere Seite nach unten, da diese weniger klebt.

6. Man kann das Reispapier so lassen und zu Frühlingsrolle oder Nudeln verarbeiten oder man gibt es für 15 Minuten bei 150°C Umluft in den Backofen und backt es aus. Dann dient es als Snack und kann mit Sesam oder Mohn bestreut werden.

Reismehl selber herstellen im Thermomix

Zubereitungszeit: 5 Minuten

Schwierigkeitsgrad: Leicht

Zutatenliste für 4 Portionen:

250g Reis oder Milchreis

Zubereitung:

1. Den gewünschten Reis in den Thermomix geben und diesen auf Stufe 10 stellen. Den Reis für 1 Minute mahlen. Sollte das Mehl einem noch zu grob erscheinen, erneut für 1 Minute einschalten.

2. Das Reismehl kann ein guter Ersatz für alle Mehlsorten darstellen und alle Speisen abbinden.

3. Es wird von der Menge genauso wie normales Mehl ersetzt.

Reisnudeln mit der Kartoffelpresse

Zubereitungszeit: 40 Minuten

Schwierigkeitsgrad: Leicht

Zutatenliste für 4 Portionen:

400g Reismehl, 400ml heißes Wasser, 100g Tapiokastärke, 100g Kartoffelmehl, 4 EL Öl, Saft einer Limette, 1/2 TL Salz, Kartoffelpresse

Zubereitung:

1. Das Reismehl mit dem heißem Wasser, Salz, Öl und Limettensaft sehr gut durchkneten.

2. Die Tapiokastärke nach und nach unterkneten.

3. Den Teig auf einer bemehlten Arbeitsplatte fertig durchkneten.

4. Einen Topf mit heißem Wasser aufstellen und die Nudeln durch die Kartoffelpresse direkt ins Wasser geben. Die Nudeln sind gar, wenn sie oben schwimmen.

5. Die Nudeln mit kaltem Wasser abschrecken.

Pho Suppen

Pho Tomate Vegetarisch

Zubereitungszeit: 40 Minuten

Schwierigkeitsgrad: Leicht

Zutatenliste für 4 Portionen:

200g Reisbandnudeln, 30g Ingwer, 2 TL Honig, 1 Chili, 2 Knoblauchzehen, 1 Bund Koriander, 1 Bund Minze, 150g Sojasprossen, 1 Zimtstange, 1 Sternanis, 3 Kardamom, 4 EL Sesam Öl, 1 Liter Miso Brühe, 2 TL Sojasauce, 6 Tomaten

Zubereitung:

1. Die Nudeln mit kochendem Wasser bedecken und ziehen lassen. Danach abgießen.

2. Den Knoblauch und den Ingwer schälen, die Chili vom Strunk trennen und beides klein hacken.
   Die Kräuter waschen und abtropfen lassen, die Kräuter ebenfalls klein hacken. Die Tomate waschen und klein hacken.

3. Die Zimtstange mit dem Anis und dem Kardamom in einem Topf mit Öl anbraten und den Honig dazugeben. Den Knoblauch, Ingwer und die Chili dazugeben, ebenso die Tomaten.

4. Alles mit der Brühe ablöschen. Die Sojasauce einrühren und die Suppe für 30 Minuten köcheln lassen.

5. Die Kräuter mit den Nudeln und der Brühe sowie den Kräutern in eine Schale geben.

Pho Wasabi Vegetarisch

Zubereitungszeit: 40 Minuten

Schwierigkeitsgrad: Leicht

Zutatenliste für 4 Portionen:

200g Reisbandnudeln, 120g Noriblätter, 30g Ingwer, 2 TL Honig, 1 Chili, 2 Knoblauchzehen, 1 Salatgurke, 1 Bund Koriander, 1/2 Bund Dill, 1 Bund Basilikum, 150g Sojasprossen, 1 Zimtstange, 1 Sternanis, 3 Kardamom, 4 EL Sesam Öl, 1 Liter Miso Brühe, 8 Champignons, 2 TL Sojasauce, 1 TL Wasabipaste

Zubereitung:

1. Die Nudeln mit kochendem Wasser bedecken und ziehen lassen. Danach abgießen.

2. Den Knoblauch und den Ingwer schälen, die Chili vom Strunk trennen und beides klein hacken.
   Die Kräuter waschen und abtropfen lassen, die Kräuter ebenfalls klein hacken.

3. Die Zimtstange mit dem Anis und dem Kardamom in einem Topf mit Öl anbraten und den Honig dazugeben. Den Knoblauch, Ingwer und die Chili dazugeben.

4. Die Champignons reinigen und halbieren, ebenfalls in den Topf geben. Die Salatgurke schälen und in feine Stücke schneiden. Mit den Pilzen anbraten. Alles mit der Miso Brühe ablöschen. Die Sojasauce und die Wasabipaste einrühren und die Suppe für 30 Minuten köcheln lassen.

5. Die Kräuter mit den Nudeln und der Brühe sowie den Kräutern und den Pilzen in eine Schale geben. Die Noriblätter in Streifen schneiden und hineingeben. 5 Minuten ziehen lassen.

Pho Blumenkohl Vegetarisch

Zubereitungszeit: 40 Minuten

Schwierigkeitsgrad: Leicht

Zutatenliste für 4 Portionen:

200g Blumenkohlrosen, 200g Reisbandnudeln, 30g Ingwer, 2 Schalotten, 3 Knoblauchzehen, 3 EL Öl, 2 TL Sojasauce, 2 TL Sesamöl, 2 TL Brauner Zucker, 1 Zimtstange, 2 Kardamom, 1 Sternanis, 1 1/4 Liter Miso Brühe, 2 Limetten, 1 Bund Frühlingszwiebeln, 1 Bund Minze, 1 Bund Koriander, 200g Mungebohnensprossen, 1 Chili, 1 TL Sesampaste

Zubereitung:

1. Die Nudeln mit kochendem Wasser bedecken und ziehen lassen. Danach abgießen.

2. Den Ingwer, Knoblauch sowie die Schalotten schälen und klein hacken. Die Öl Sorten mischen und mit dem Ingwer, Knoblauch, Schalotten, Zimt, Blumenkohl, Kardamom, Sternanis und dem Zucker in einen Topf geben. Alles karamellisieren lassen. Mit der Brühe ablöschen und 15 Minuten weiter kochen. Die Hitze reduzieren und die Sojasauce dazugeben.

3. Die Frühlingszwiebeln waschen und in Ringe schneiden. Die Minze und den Koriander waschen und abtropfen lassen. Beides mit der Chili klein hacken.

4. Die Limette halbieren und auspressen. Eine Schüssel für die Suppe vorwärmen.

5. Die Nudeln mit den Sprossen in die Schüssel geben und den Blumenkohl sowie die Brühe, Frühlingszwiebeln und Kräuter, Chili darüber geben. Mit dem Saft der Limette dazugeben.

Pho Karotten Vegetarisch

Zubereitungszeit: 40 Minuten

Schwierigkeitsgrad: Leicht

Zutatenliste für 4 Portionen:

200g Reisbandnudeln, 4 Karotten geraspelt, 30g Ingwer, 2 TL Honig, 1 Chili,1 Bund Koriander, 1/2 Bund Dill, 1 Bund Basilikum, 150g Sojasprossen, 1 Zimtstange, 1 Sternanis, 3 Kardamom, 4 EL Sesam Öl, 1 Liter Miso Brühe, 8 Champignons, 2 TL Sojasauce

Zubereitung:

1. Die Nudeln mit kochendem Wasser bedecken und ziehen lassen. Danach abgießen.

2. Den Ingwer schälen, die Chili vom Strunk trennen und beides klein hacken.
   Die Kräuter waschen und abtropfen lassen, die Kräuter ebenfalls klein hacken.

3. Die Zimtstange mit dem Anis und dem Kardamom in einem Topf mit Öl anbraten und den Honig dazugeben. Den Ingwer und die Chili dazugeben, ebenso die Karotten.

4. Die Champignons reinigen und halbieren, ebenfalls in den Topf geben. Die Pilze anbraten. Alles mit der Miso Brühe ablöschen. Die Sojasauce einrühren und die Suppe für 30 Minuten köcheln lassen.

5. Die Kräuter mit den Nudeln und der Brühe sowie den Kräutern und den Pilzen in eine Schale geben. Die Noriblätter in Streifen schneiden und hineingeben. 5 Minuten ziehen lassen.

Pho Nori Brechbohnen

Zubereitungszeit: 40 Minuten

Schwierigkeitsgrad: Leicht

Zutatenliste für 4 Portionen:

200g Reisbandnudeln, 30g Ingwer, 2 TL Honig, 1 Chili, 2 Knoblauchzehen, 1 Bund Koriander, 1/2 Bund Dill, 1 Bund Basilikum, 150g Sojasprossen, 1 Zimtstange, 1 Sternanis, 3 Kardamom, 4 EL Sesam Öl, 1 Liter Miso Brühe, 8 Champignons, 2 TL Sojasauce, 100g Brechbohnen

Zubereitung:

1. Die Nudeln mit kochendem Wasser bedecken und ziehen lassen. Danach abgießen.

2. Den Knoblauch und den Ingwer schälen, die Chili vom Strunk trennen und beides klein hacken.
   Die Kräuter waschen und abtropfen lassen, die Kräuter ebenfalls klein hacken.

3. Die Zimtstange mit dem Anis und dem Kardamom in einem Topf mit Öl anbraten und den Honig dazugeben. Den Knoblauch, Ingwer und die Chili dazu geben. Die Brechbohnen ebenso hinzufügen und unterheben.

4. Die Champignons reinigen und halbieren, ebenfalls in den Topf geben. Die Pilze anbraten. Alles mit der Miso Brühe ablöschen. Die Sojasauce einrühren und die Suppe für 30 Minuten köcheln lassen.

5. Die Kräuter mit den Nudeln und der Brühe sowie den Kräutern und den Pilzen in eine Schale geben.

Pho Nori Vegetarisch

Zubereitungszeit: 40 Minuten

Schwierigkeitsgrad: Leicht

Zutatenliste für 4 Portionen:

200g Reisbandnudeln, 120g Noriblätter, 30g Ingwer, 2 TL Honig, 1 Chili, 2 Knoblauchzehen, 1 Salatgurke, 1 Bund Koriander, 1/2 Bund Dill, 1 Bund Basilikum, 150g Sojasprossen, 1 Zimtstange, 1 Sternanis, 3 Kardamom, 4 EL Sesam Öl, 1 Liter Miso Brühe, 8 Champignons, 2 TL Sojasauce

Zubereitung:

1. Die Nudeln mit kochendem Wasser bedecken und ziehen lassen. Danach abgießen.

2. Den Knoblauch und den Ingwer schälen, die Chili vom Strunk trennen und beides klein hacken.
   Die Kräuter waschen und abtropfen lassen, die Kräuter ebenfalls klein hacken.

3. Die Zimtstange mit dem Anis und dem Kardamom in einem Topf mit Öl anbraten und den Honig dazugeben. Den Knoblauch, Ingwer und die Chili dazugeben.

4. Die Champignons reinigen und halbieren, ebenfalls in den Topf geben. Die Salatgurke schälen und in feine Stücke schneiden. Mit den Pilzen anbraten. Alles mit der Miso Brühe ablöschen. Die Sojasauce einrühren und die Suppe für 30 Minuten köcheln lassen.

5. Die Kräuter mit den Nudeln und der Brühe sowie den Kräutern und den Pilzen in eine Schale geben. Die Noriblätter in Streifen schneiden und hineingeben. 5 Minuten ziehen lassen.

Pho Ingwer Vegetarisch

Zubereitungszeit: 40 Minuten

Schwierigkeitsgrad: Leicht

Zutatenliste für 4 Portionen:

200g Reisbandnudeln, 30g Ingwer, 2 Schalotten, 3 Knoblauchzehen, 3 EL Öl, 2 TL Sojasauce, 2 TL Sesamöl, 2 tL Brauner Zucker, 1 Zimtstange, 2 Kardamom, 1 Sternanis, 1 1/4 Liter Gemüsebrühe, 2 Limetten, 1 Bund Frühlingszwiebeln, 1 Bund Minze, 1 Bund Koriander, 200g Mungebohnensprossen, 1 Chili

Zubereitung:

1. Die Nudeln mit kochendem Wasser bedecken und ziehen lassen. Danach abgießen.

2. Den Ingwer, Knoblauch sowie die Schalotten schälen und klein hacken. Die Öl Sorten mischen und mit dem Ingwer, Knoblauch, Schalotten, Zimt, Kardamom, Sternanis und dem Zucker in einen Topf geben. Alles karamellisieren lassen. Mit der Brühe ablöschen und 15 Minuten weiter kochen. Die Hitze reduzieren und die Sojasauce dazugeben.

3. Die Frühlingszwiebeln waschen und in Ringe schneiden. Die Minze und den Koriander waschen und abtropfen lassen. Beides mit der Chili klein hacken.

4. Die Limette halbieren und auspressen. Eine Schüssel für die Suppe vorwärmen.

5. Die Nudeln mit den Sprossen in die Schüssel geben sowie die Brühe, Frühlingszwiebeln und Kräuter, Chili drübergeben. Mit dem Saft der Limette abschmecken.

Pho Bo Pilze

Zubereitungszeit: 40 Minuten

Schwierigkeitsgrad: Leicht

Zutatenliste für 4 Portionen:

200g Rinderfilet, 200g Reisbandnudeln, 30g Ingwer, 2 Schalotten, 3 Knoblauchzehen, 3 EL Öl, 2 TL Sojasauce, 2 TL Sesamöl, 2 TL Brauner Zucker, 1 Zimtstange, 2 Kardamom, 1 Sternanis, 2 EL Fischsauce, 1 1/4 Liter Rinderbrühe, 2 Limetten, 1 Bund Frühlingszwiebeln, 1 Bund Minze, 1 Bund Koriander, 200g Mungebohnensprossen, 1 Chili, 100g getrocknete Asiatische Pilze

Zubereitung:

1. Das Rindfleisch reinigen und für 30 Minuten in das Gefrierfach geben. In dieser Zeit die Nudeln und die Pilze mit kochendem Wasser bedecken und ziehen lassen. Danach abgießen.

2. Den Ingwer, Knoblauch sowie die Schalotten schälen und klein hacken. Die Ölsorten mischen und mit dem Ingwer, Knoblauch, Schalotten, Zimt, Kardamom, Sternanis und dem Zucker in einen Topf geben. Alles karamellisieren lassen. Mit der Brühe ablöschen und 15 Minuten weiter kochen. Die Hitze reduzieren und die Sojasauce dazugeben.

3. Die Frühlingszwiebeln waschen und in Ringe schneiden. Die Minze und den Koriander waschen und abtropfen lassen. Beides mit der Chili klein hacken.

4. Die Limette halbieren und auspressen. Eine Schüssel für die Suppe vorwärmen.

5. Das Rindfleisch aus dem Gefrierfach nehmen und in dünne Streifen schneiden. Die Nudeln und Pilze mit den Sprossen in die Schüssel geben und das Fleisch sowie die Brühe, Frühlingszwiebeln und Kräuter, Chili darüber geben. Mit der Fischsoße verfeinern und den Saft der Limette dazugeben.

Pho Rind Wasabi

Zubereitungszeit: 40 Minuten

Schwierigkeitsgrad: Leicht

Zutatenliste für 4 Portionen:

250g Rindersteak, 200g Reisbandnudeln, 30g Ingwer, 2 Schalotten, 3 Knoblauchzehen, 5 EL Öl, 2 TL Sojasauce, 1 Zimtstange, 2 Kardamom, 1 Sternanis, 1 Liter Miso Brühe, 2 Limetten, 1 Bund Frühlingszwiebeln, 1 Bund Minze, 1 Bund Koriander, 200g Mungebohnensprossen, 1 Chili, 1 TL Wasabipaste

Zubereitung:

1. Das Steak Medium braten und in Streifen schneiden. Die Nudeln mit kochendem Wasser bedecken und ziehen lassen. Danach abgießen.

2. Den Ingwer, Knoblauch, Garnelen sowie die Schalotten schälen und klein hacken. Das Öl mit dem Ingwer, Knoblauch, Schalotten, Zimt, Kardamom und dem Sternanis in einen Topf geben. Alles karamellisieren lassen. Mit der Brühe ablöschen, Wasabi einrühren und 15 Minuten weiter kochen. Die Hitze reduzieren und die Sojasauce dazugeben.

3. Die Frühlingszwiebeln waschen und in Ringe schneiden. Die Minze und den Koriander waschen und abtropfen lassen. Beides mit der Chili klein hacken.

4. Die Limette halbieren und auspressen. Eine Schüssel für die Suppe vorwärmen.

5. Die Nudeln mit den Sprossen in die Schüssel geben und den Steakstreifen sowie der Brühe, Frühlingszwiebeln und Kräuter, Chili darüber geben. Mit der Fischsoße verfeinern und den Saft der Limette dazugeben.

Pho Rind Brokkoli

Zubereitungszeit: 40 Minuten

Schwierigkeitsgrad: Leicht

Zutatenliste für 4 Portionen:

200g Reisbandnudeln, 200g Rinderfilet, 30g Ingwer, 2 TL Honig, 1 Chili, 2 Knoblauchzehen, 1 Bund Koriander, 1/2 Bund Dill, 1 Bund Basilikum, 150g Sojasprossen, 1 Zimtstange, 1 Sternanis, 3 Kardamom, 4 EL Sesam Öl, 1 Liter Rinderbrühe, 2 TL Sojasauce

Zubereitung:

1. Die Nudeln mit kochendem Wasser bedecken und ziehen lassen. Danach abgießen.

2. Den Knoblauch und den Ingwer schälen, die Chili vom Strunk trennen und beides klein hacken.
   Die Kräuter waschen und abtropfen lassen, die Kräuter ebenfalls klein hacken. Den Brokkoli waschen und in Röschen teilen.

3. Die Zimtstange mit dem Anis und dem Kardamom sowie dem Brokkoli in einem Topf mit Öl anbraten und den Honig dazu geben. Den Knoblauch, Ingwer und die Chili dazugeben.

4. Das Rindfleisch in Streifen schneiden und kurz mit anbraten. Alles mit der Brühe ablöschen. Die Sojasauce einrühren und die Suppe für 30 Minuten köcheln lassen.

5. Die Kräuter mit den Nudeln, Fleisch, Brokkoli und der Brühe sowie den Kräutern in eine Schale geben.

Pho Rind Gurke

Zubereitungszeit: 40 Minuten

Schwierigkeitsgrad: Leicht

Zutatenliste für 4 Portionen:

250g Rindersteak, 200g Reisbandnudeln, 30g Ingwer, 2 Schalotten, 3 Knoblauchzehen, 5 EL Öl, 2 TL Sojasauce, 1 Zimtstange, 2 Kardamom, 1 Sternanis, 1 Liter Miso Brühe, 2 Limetten, 1 Bund Frühlingszwiebeln, 1 Bund Minze, 1 Bund Koriander, 200g Mungebohnensprossen, 1 Chili, 1 Salatgurke

Zubereitung:

1. Das Steak Medium braten und in Streifen schneiden. Die Nudeln mit kochendem Wasser bedecken und ziehen lassen. Danach abgießen. Die Salatgurke waschen und in Stücke schneiden.

2. Den Ingwer, Knoblauch, Garnelen sowie die Schalotten schälen und klein hacken. Das Öl mit dem Ingwer, Knoblauch, der Gurke, Schalotten, Zimt, Kardamom und dem Sternanis in einen Topf geben. Alles karamellisieren lassen. Mit der Brühe ablöschen und 15 Minuten weiter kochen. Die Hitze reduzieren und die Sojasauce dazugeben.

3. Die Frühlingszwiebeln waschen und in Ringe schneiden. Die Minze und den Koriander waschen und abtropfen lassen. Beides mit der Chili klein hacken.

4. Die Limette halbieren und auspressen. Eine Schüssel für die Suppe vorwärmen.

5. Die Nudeln mit den Sprossen in die Schüssel geben und den Steakstreifen sowie der Brühe, Frühlingszwiebeln und Kräuter, Chili darüber geben. Mit der Fischsoße verfeinern und den Saft der Limette dazugeben.

Pho Rind Garlic

Zubereitungszeit: 40 Minuten

Schwierigkeitsgrad: Leicht

Zutatenliste für 4 Portionen:

250g Rindersteak, 200g Reisbandnudeln, 30g Ingwer, 2 Schalotten, 3 Knoblauchzehen, 5 EL Öl, 2 TL Sojasauce, 1 Zimtstange, 2 Kardamom, 1 Sternanis, 1 Liter Miso Brühe, 2 Limetten, 1 Bund Frühlingszwiebeln, 1 Bund Minze, 1 Bund Koriander, 200g Mungebohnensprossen, 1 Chili

Zubereitung:

1. Das Steak Medium braten und in Streifen schneiden. Die Nudeln mit kochendem Wasser bedecken und ziehen lassen. Danach abgießen.

2. Den Ingwer, Knoblauch, Garnelen sowie die Schalotten schälen und klein hacken. Das Öl mit dem Ingwer, Knoblauch, Schalotten, Zimt, Kardamom und dem Sternanis in einen Topf geben. Alles karamellisieren lassen. Mit der Brühe ablöschen und 15 Minuten weiter kochen. Die Hitze reduzieren und die Sojasauce dazugeben.

3. Die Frühlingszwiebeln waschen und in Ringe schneiden. Die Minze und den Koriander waschen und abtropfen lassen. Beides mit der Chili klein hacken.

4. Die Limette halbieren und auspressen. Eine Schüssel für die Suppe vorwärmen.

5. Die Nudeln mit den Sprossen in die Schüssel geben und den Steakstreifen sowie der Brühe, Frühlingszwiebeln und Kräuter, Chili darüber geben. Mit der Fischsoße verfeinern und den Saft der Limette dazugeben.

Pho Hack

Zubereitungszeit: 40 Minuten

Schwierigkeitsgrad: Leicht

Zutatenliste für 4 Portionen:

200g Rinderhackfleisch, 200g Reisbandnudeln, 30g Ingwer, 2 Schalotten, 3 Knoblauchzehen, 3 EL Öl, 2 TL Sojasauce, 2 TL Sesamöl, 2 tL Brauner Zucker, 1 Zimtstange, 2 Kardamom, 1 Sternanis, 2 EL Fischsauce, 1 1/4 Liter Rinderbrühe, 2 Limetten, 1 Bund Frühlingszwiebeln, 1 Bund Minze, 1 Bund Koriander, 200g Mungebohnensprossen, 1 Chili

Zubereitung:

1. Das Rindfleisch zu Kugeln formen. In dieser Zeit die Nudeln mit kochendem Wasser bedecken und ziehen lassen. Danach abgießen.

2. Den Ingwer, Knoblauch sowie die Schalotten schälen und klein hacken. Die Ölsorten mischen und mit dem Ingwer, Knoblauch, Schalotten, Zimt, Kardamom, Rindfleisch, Sternanis und dem Zucker in einen Topf geben. Alles karamellisieren lassen. Mit der Brühe ablöschen und 15 Minuten weiter kochen. Die Hitze reduzieren und die Sojasauce dazugeben.

3. Die Frühlingszwiebeln waschen und in Ringe schneiden. Die Minze und den Koriander waschen und abtropfen lassen. Beides mit der Chili klein hacken.

4. Die Limette halbieren und auspressen. Eine Schüssel für die Suppe vorwärmen.

5. Die Nudeln mit den Sprossen und dem Rindfleisch in die Schüssel geben und das Fleisch sowie die Brühe, Frühlingszwiebeln und Kräuter, Chili darüber geben. Mit der Fischsoße verfeinern und den Saft der Limette dazugeben.

Pho Bo

Zubereitungszeit: 40 Minuten

Schwierigkeitsgrad: Leicht

Zutatenliste für 4 Portionen:

200g Rinderfilet, 200g Reisbandnudeln, 30g Ingwer, 2 Schalotten, 3 Knoblauchzehen, 3 EL Öl, 2 TL Sojasauce, 2 TL Sesamöl, 2 tL Brauner Zucker, 1 Zimtstange, 2 Kardamom, 1 Sternanis, 2 EL Fischsauce, 1 1/4 Liter Rinderbrühe, 2 Limetten, 1 Bund Frühlingszwiebeln, 1 Bund Minze, 1 Bund Koriander, 200g Mungebohnensprossen, 1 Chili

Zubereitung:

1. Das Rindfleisch reinigen und für 30 Minuten in das Gefrierfach geben. In dieser Zeit die Nudeln mit kochendem Wasser bedecken und ziehen lassen. Danach abgießen.

2. Den Ingwer, Knoblauch sowie die Schalotten schälen und klein hacken. Die Ölsorten mischen und mit dem Ingwer, Knoblauch, Schalotten, Zimt, Kardamom, Sternanis und dem Zucker in einen Topf geben. Alles karamellisieren lassen. Mit der Brühe ablöschen und 15 Minuten weiter kochen. Die Hitze reduzieren und die Sojasauce dazugeben.

3. Die Frühlingszwiebeln waschen und in Ringe schneiden. Die Minze und den Koriander waschen und abtropfen lassen. Beides mit der Chili klein hacken.

4. Die Limette halbieren und auspressen. Eine Schüssel für die Suppe vorwärmen.

5. Das Rindfleisch aus dem Gefrierfach nehmen und in dünne Streifen schneiden. Die Nudeln mit den Sprossen in die Schüssel geben und das Fleisch sowie die Brühe, Frühlingszwiebeln und Kräuter, Chili darüber geben. Mit der Fischsoße verfeinern und den Saft der Limette dazugeben.

Pho Forelle

Zubereitungszeit: 40 Minuten

Schwierigkeitsgrad: Leicht

Zutatenliste für 4 Portionen:

200g Reisbandnudeln, 200g geräucherte Forelle, 30g Ingwer, 2 TL Honig, 1 Chili, 2 Knoblauchzehen, 1 Salatgurke, 1 Bund Koriander, 1/2 Bund Dill, 1 Bund Basilikum, 150g Sojasprossen, 1 Zimtstange, 1 Sternanis, 3 Kardamom, 4 EL Sesam Öl, 1 Liter Rinderbrühe, 2 TL Sojasauce

Zubereitung:

1. Die Nudeln mit kochendem Wasser bedecken und ziehen lassen. Danach abgießen.

2. Den Knoblauch und den Ingwer schälen, die Chili vom Strunk trennen und beides klein hacken.
   Die Kräuter waschen und abtropfen lassen, die Kräuter ebenfalls klein hacken.

3. Die Zimtstange mit dem Anis und dem Kardamom in einem Topf mit Öl anbraten und den Honig dazu geben. Den Knoblauch, Ingwer und die Chili dazugeben.

4. Die Salatgurke schälen und in feine Stücke schneiden. Mit den Pilzen anbraten. Alles mit der Brühe ablöschen. Die Sojasauce einrühren und die Suppe für 30 Minuten köcheln lassen.

5. Die Kräuter mit den Nudeln und der Brühe in eine Schale geben. Den Fisch in Streifen schneiden und hineingeben. 5 Minuten ziehen lassen.

Pho Thunfisch

Zubereitungszeit: 40 Minuten

Schwierigkeitsgrad: Leicht

Zutatenliste für 4 Portionen:

2 Dosen Thunfisch, 200g Reisbandnudeln, 30g Ingwer, 2 Schalotten, 3 Knoblauchzehen, 3 EL Öl, 2 TL Sojasauce, 2 TL Sesamöl, 2 TL Brauner Zucker, 1 Zimtstange, 2 Kardamom, 1 Sternanis, 2 EL Fischsauce, 1 1/4 Liter Rinderbrühe, 2 Limetten, 1 Bund Frühlingszwiebeln, 1 Bund Minze, 1 Bund Koriander, 200g Mungebohnensprossen, 1 Chili

Zubereitung:

1. Den Thunfisch abtropfen lassen. Die Nudeln mit kochendem Wasser bedecken und ziehen lassen. Danach abgießen.

2. Den Ingwer, Knoblauch, Garnelen sowie die Schalotten schälen und klein hacken. Die Ölsorten mischen und mit dem Ingwer, Knoblauch, Schalotten, Zimt, Kardamom, Sternanis und dem Zucker in einen Topf geben. Alles karamellisieren lassen. Mit der Brühe ablöschen und 15 Minuten weiter kochen. Die Hitze reduzieren und die Sojasauce dazugeben.

3. Die Frühlingszwiebeln waschen und in Ringe schneiden. Die Minze und den Koriander waschen und abtropfen lassen. Beides mit der Chili klein hacken.

4. Die Limette halbieren und auspressen. Eine Schüssel für die Suppe vorwärmen.

5. Die Nudeln mit den Sprossen in die Schüssel geben und den Thunfisch sowie die Brühe, Frühlingszwiebeln und Kräuter, Chili darüber geben. Mit der Fischsoße verfeinern und den Saft der Limette dazugeben.

Pho Garnele

Zubereitungszeit: 40 Minuten

Schwierigkeitsgrad: Leicht

Zutatenliste für 4 Portionen:

200g Garnelen, 200g Reisbandnudeln, 30g Ingwer, 2 Schalotten, 3 Knoblauchzehen, 3 EL Öl, 2 TL Sojasauce, 2 TL Sesamöl, 2 tL Brauner Zucker, 1 Zimtstange, 2 Kardamom, 1 Sternanis, 2 EL Fischsauce, 1 1/4 Liter Rinderbrühe, 2 Limetten, 1 Bund Frühlingszwiebeln, 1 Bund Minze, 1 Bund Koriander, 200g Mungebohnensprossen, 1 Chili

Zubereitung:

1. Die Garnelen reinigen. Die Nudeln mit kochendem Wasser bedecken und ziehen lassen. Danach abgießen.

2. Den Ingwer, Knoblauch, Garnelen sowie die Schalotten schälen und klein hacken. Die Ölsorten mischen und mit dem Ingwer, Knoblauch, Schalotten, Zimt, Kardamom, Sternanis und dem Zucker in einen Topf geben. Alles karamellisieren lassen. Mit der Brühe ablöschen und 15 Minuten weiter kochen. Die Hitze reduzieren und die Sojasauce dazugeben.

3. Die Frühlingszwiebeln waschen und in Ringe schneiden. Die Minze und den Koriander waschen und abtropfen lassen. Beides mit der Chili klein hacken.

4. Die Limette halbieren und auspressen. Eine Schüssel für die Suppe vorwärmen.

5. Die Nudeln mit den Sprossen in die Schüssel geben und die Garnelen sowie die Brühe, Frühlingszwiebeln und Kräuter, Chili darüber geben. Mit der Fischsoße verfeinern und den Saft der Limette dazugeben.

Pho Schwein Ananas

Zubereitungszeit: 40 Minuten

Schwierigkeitsgrad: Leicht

Zutatenliste für 4 Portionen:

200g Schweinefilet, 200g Reisbandnudeln, 30g Ingwer, 2 Schalotten, 3 Knoblauchzehen, 3 EL Öl, 2 TL Sojasauce, 2 TL Sesamöl, 2 TL Brauner Zucker, 1 Zimtstange, 2 Kardamom, 1 Sternanis, 2 EL Fischsauce, 1 1/4 Liter Rinderbrühe, 2 Limetten, 1 Bund Frühlingszwiebeln, 1 Bund Minze, 1 Bund Koriander, 200g Mungebohnensprossen, 1 Chili, 1 Dose Ananas Stücke

Zubereitung:

1. Das Schweinefleisch in Streifen schneiden und anbraten. In dieser Zeit die Nudeln mit kochendem Wasser bedecken und ziehen lassen. Danach abgießen.

2. Den Ingwer, Knoblauch sowie die Schalotten schälen und klein hacken. Die Ölsorten mischen und mit dem Ingwer, Knoblauch, Schalotten, Zimt, Kardamom, Sternanis und dem Zucker in einen Topf geben. Alles karamellisieren lassen. Mit der Brühe ablöschen und 15 Minuten weiter kochen. Die Hitze reduzieren und die Sojasauce dazugeben.

3. Die Frühlingszwiebeln waschen und in Ringe schneiden. Die Minze und den Koriander waschen und abtropfen lassen. Beides mit der Chili klein hacken.

4. Die Limette halbieren und auspressen. Eine Schüssel für die Suppe vorwärmen. Die Ananas in die Schüssel geben.

5. Die Nudeln mit den Sprossen in die Schüssel geben und das Fleisch sowie die Brühe, Frühlingszwiebeln und Kräuter, Chili darüber geben. Mit der Fischsoße verfeinern und den Saft der Limette dazugeben.

Pho Pork

Zubereitungszeit: 40 Minuten

Schwierigkeitsgrad: Leicht

Zutatenliste für 4 Portionen:

300g Schweinefilet, 200g Reisbandnudeln, 30g Ingwer, 2 Schalotten, 3 Knoblauchzehen, 3 EL Öl, 2 TL Sojasauce, 2 TL Sesamöl, 2 TL Brauner Zucker, 1 Zimtstange, 2 Kardamom, 1 Sternanis, 2 EL Fischsauce, 1 1/4 Liter Rinderbrühe, 2 Limetten, 1 Bund Frühlingszwiebeln, 1 Bund Minze, 1 Bund Koriander, 200g Mungebohnensprossen, 1 Chili

Zubereitung:

1. Das Schweinefilet in Streifen schneiden und kurz anbraten. In dieser Zeit die Nudeln mit kochendem Wasser bedecken und ziehen lassen. Danach abgießen.

2. Den Ingwer, Knoblauch sowie die Schalotten schälen und klein hacken. Die Ölsorten mischen und mit dem Ingwer, Knoblauch, Schalotten, Zimt, Kardamom, Sternanis und dem Zucker in einen Topf geben. Alles karamellisieren lassen. Mit der Brühe ablöschen und 15 Minuten weiter kochen. Die Hitze reduzieren und die Sojasauce dazugeben.

3. Die Frühlingszwiebeln waschen und in Ringe schneiden. Die Minze und den Koriander waschen und abtropfen lassen. Beides mit der Chili klein hacken.

4. Die Limette halbieren und auspressen. Eine Schüssel für die Suppe vorwärmen.

5. Das Schweinefilet und die Nudeln mit den Sprossen in die Schüssel geben. Die Brühe, Frühlingszwiebeln und Kräuter, Chili darüber geben. Mit der Fischsoße verfeinern und den Saft der Limette dazugeben.

Pho Chicken Beans

Zubereitungszeit: 40 Minuten

Schwierigkeitsgrad: Leicht

Zutatenliste für 4 Portionen:

200g Reisbandnudeln, 200g Hähnchenbrust, 30g Ingwer, 2 TL Honig, 1 Chili, 2 Knoblauchzehen, 1 Salatgurke, 1 Bund Koriander, 1/2 Bund Dill, 1 Bund Basilikum, 100g Prinzess Bohnen TK, 1 Zimtstange, 1 Sternanis, 3 Kardamom, 4 EL Sesam Öl, 1 Liter Rinderbrühe, 2 TL Sojasauce

Zubereitung:

1. Die Nudeln mit kochendem Wasser bedecken und ziehen lassen. Danach abgießen. Das Fleisch in Streifen schneiden.

2. Den Knoblauch und den Ingwer schälen, die Chili vom Strunk trennen und beides klein hacken.
   Die Kräuter waschen und abtropfen lassen, die Kräuter ebenfalls klein hacken.

3. Die Zimtstange mit dem Anis, Hähnchen und dem Kardamom in einem Topf mit Öl anbraten und den Honig dazugeben. Den Knoblauch, Ingwer und die Chili dazugeben. Die Bohnen untermischen.

4. Die Salatgurke schälen und in feine Stücke schneiden. Mit den Pilzen anbraten. Alles mit der Brühe ablöschen. Die Sojasauce einrühren und die Suppe für 30 Minuten köcheln lassen.

5. Die Kräuter mit den Nudeln und der Brühe sowie den anderen Zutaten in eine Schale geben.

Pho Chicken Hot

Zubereitungszeit: 40 Minuten

Schwierigkeitsgrad: Leicht

Zutatenliste für 4 Portionen:

1 Liter Miso Brühe, 300g Hähnchenbrust, 250g Reisnudeln, 2 Chili, 1 Saft einer Zitrone, 4 Knoblauchzehen, 40g Ingwer, 1 Bund Minze, 1 Bund Basilikum, 1 Bund Koriander, 2 Sternanis, 1 Zimtstange, 1 Vanille Stange, 4 EL Öl, 150g Bambussprossen, 50g Mandelstifte, 2 EL Sojasauce, 1 EL Fischsoße, 1 TL Miso Paste

Zubereitung:

1. Die Hähnchenbrust in Streifen schneiden. Die Nudeln mit der Vanillestange und dem kochendem Wasser bedecken und ziehen lassen. Danach abgießen.

2. Den Ingwer und die Knoblauchzehen schälen und klein hacken. Die Chili vom Strunk trennen und ebenfalls klein hacken.

3. Die Kräuter waschen und abtropfen lassen, die Kräuter klein hacken.

4. Den Ingwer, Knoblauch, Hähnchenfleisch, Sternanis, Zitronensaft, Zimtstange und das Vanillemark mit dem Öl in einen Topf geben und anbraten. Mit der Miso Brühe ablöschen und für 30 Minuten köcheln lassen. Die Sojasauce sowie die Fischsoße und die Miso Pasta einrühren.

5. Die Bambussprossen und die Nudeln in die Pho Schale füllen und die Brühe mit Zutaten darüber geben. Die Mandelstifte anrösten und darüber streuen.

Pho Chicken

Zubereitungszeit: 40 Minuten

Schwierigkeitsgrad: Leicht

Zutatenliste für 4 Portionen:

200g Hähnchenbrust, 200g Reisbandnudeln, 30g Ingwer, 2 Schalotten, 3 Knoblauchzehen, 3 EL Öl, 2 TL Sojasauce, 2 TL Sesamöl, 2 TL Brauner Zucker, 1 Zimtstange, 2 Kardamom, 1 Sternanis, 2 EL Fischsauce, 1 1/4 Liter Hühnerbrühe, 2 Limetten, 1 Bund Frühlingszwiebeln, 1 Bund Minze, 1 Bund Koriander, 200g Mungebohnensprossen, 1 Chili

Zubereitung:

1. Die Hähnchenbrust in Streifen schneiden. Die Nudeln mit kochendem Wasser bedecken und ziehen lassen. Danach abgießen.

2. Den Ingwer, Knoblauch sowie die Schalotten schälen und klein hacken. Die Öl Sorten mischen und mit dem Ingwer, Knoblauch, Schalotten, Zimt, Hähnchenbrust, Kardamom, Sternanis und dem Zucker in einen Topf geben. Alles karamellisieren lassen. Mit der Brühe ablöschen und 15 Minuten weiter kochen. Die Hitze reduzieren und die Sojasauce dazugeben.

3. Die Frühlingszwiebeln waschen und in Ringe schneiden. Die Minze und den Koriander waschen und abtropfen lassen. Beides mit der Chili klein hacken.

4. Die Limette halbieren und auspressen. Eine Schüssel für die Suppe vorwärmen.

5. Die Nudeln mit den Sprossen in die Schüssel geben und das Fleisch sowie die Brühe, Frühlingszwiebeln und Kräuter, Chili darüber geben. Mit der Fischsoße verfeinern und den Saft der Limette dazugeben.

Bánh Xéo Gerichte

Bánh Xéo Pfannkuchen Dip

Zubereitungszeit: 20 Minuten

Schwierigkeitsgrad: Leicht

Zutatenliste für 2 Portionen:

2 EL Zucker braun, 80ml Wasser, 3 EL Limettensaft, 3 EL Fischsauce, 2 Knoblauchzehen, 3 Chili gehackt, Schwarzer Pfeffer

Zubereitung:

1. Den Zucker ins Wasser geben und erhitzen bis der Zucker sich auflöst.

2. Den Knoblauch schälen und klein hacken. Den Knoblauch und die Chili mit Fischsauce ins Zuckerwasser geben und mit dem Limettensaft vermischen.

3. Nach belieben Pfeffern.

Bánh Xéo Vegetarisch

Zubereitungszeit: 20 Minuten

Schwierigkeitsgrad: Leicht

Zutatenliste für 2 Portionen:

100g Reismehl, 200ml Kokosmilch, Prise Salz, 1/2 TL Kurkuma, 15ml Sprudelwasser oder Schwarzbier, 3 EL Frühlingszwiebeln grün gehackt

Zubereitung:

1. Das Reismehl, Kurkuma, Salz sowie die Kokosmilch und das Wasser oder Bier zusammen verrühren. Den Teig für 30 Minuten gehen lassen. Der Teig soll recht dünnflüssig sein.

2. Eine Pfanne mit etwas Öl einpinseln und den Teig kellenweise hineingeben. Die Pfanne schwenken, der Teig sollte am Rand knusprig und in der Mitte biegsam sein. Dann ist er fertig und kann belegt werden.

Bánh Xéo Pfannkuchen

Zubereitungszeit: 20 Minuten

Schwierigkeitsgrad: Leicht

Zutatenliste für 2 Portionen:

100g Reismehl, 200ml Kokosmilch, Prise Salz, 1/2 TL Kurkuma, 1 Ei, 15ml Sprudelwasser oder Schwarzbier, 3 EL Frühlingszwiebeln grün gehackt

Zubereitung:

1. Das Reismehl, Kurkuma, Salz und das Ei sowie die Kokosmilch und das Wasser oder Bier zusammen verrühren. Den Teig für 30 Minuten gehen lassen. Der Teig soll recht dünnflüssig sein.

2. Eine Pfanne mit etwas Öl einpinseln und den Teig kellenweise hineingeben. Die Pfanne schwenken, der Teig sollte am Rand knusprig aber und in der Mitte biegsam sein. Dann ist er fertig und kann belegt werden.

Bánh Xéo mit Spinat Vegetarisch

Zubereitungszeit: 25 Minuten

Schwierigkeitsgrad: Leicht

Zutatenliste für 2 Portionen:

100g Reismehl, 200ml Kokosmilch, Prise Salz, 1/2 TL Kurkuma, 15ml Sprudelwasser oder Schwarzbier, 3 EL Frühlingszwiebeln grün gehackt, 300g Spinat frisch, 1 Bund Koriander, 1 Tomate, 5g Ingwer

Zubereitung:

1. Das Reismehl, Kurkuma, Salz sowie die Kokosmilch und das Wasser oder Bier zusammen verrühren. Den Teig für 30 Minuten gehen lassen. Der Teig soll recht dünnflüssig sein.

2. Eine Pfanne mit etwas Öl einpinseln und den Teig kellenweise hineingeben. Die Pfanne schwenken, der Teig sollte am Rand knusprig aber und in der Mitte biegsam sein. Dann ist er fertig und kann belegt werden.

3. Die Tomate waschen und den Strunk entfernen, die Tomate klein hacken. Den Koriander und den Spinat waschen und beides gut abtropfen lassen. Etwas zerkleinern und mit der Tomate auf dem Pfannkuchen verteilen.

4. Den Frischen Ingwer schälen und mit einer Reibe über den Spinat reiben.

Bánh Xéo Zuckerschoten Vegetarisch

Zubereitungszeit: 20 Minuten

Schwierigkeitsgrad: Leicht

Zutatenliste für 2 Portionen:

100g Reismehl, 200ml Kokosmilch, Prise Salz, 1/2 TL Kurkuma, 15ml Sprudelwasser oder Schwarzbier, 3 EL Frühlingszwiebeln grün gehackt, 100g Zuckerschoten, 50g Sojasprossen, 1 Paprika Rot, 1 EL Fischsauce

Zubereitung:

1. Das Reismehl, Kurkuma, Salz sowie die Kokosmilch und das Wasser oder Bier zusammen verrühren. Den Teig für 30 Minuten gehen lassen. Der Teig soll recht dünnflüssig sein.

2. Eine Pfanne mit etwas Öl einpinseln und den Teig kellenweise hineingeben. Die Pfanne schwenken, der Teig sollte am Rand knusprig aber und in der Mitte biegsam sein. Dann ist er fertig und kann belegt werden.

3. Die Zuckerschoten waschen und halbieren. Die Sojasprossen waschen und abtropfen lassen. Die Paprika vom Strunk trennen und die Kerne heraus nehmen. Die Paprika in Streifen schneiden.

4. Die Fischsauce in einer Pfanne erhitzen und da Gemüse kurz darin andünsten. Danach alles auf die Pfannkuchen geben.

Bánh Xéo mit Kraut Vegetarisch

Zubereitungszeit: 25 Minuten

Schwierigkeitsgrad: Leicht

Zutatenliste für 2 Portionen:

100g Reismehl, 200ml Kokosmilch, Prise Salz, 1/2 TL Kurkuma, 15ml Sprudelwasser oder Schwarzbier, 3 EL Frühlingszwiebeln grün gehackt, 1 Karotte, 200g Weißkraut, 50g Sojasprossen, 2 EL Sojasauce, 50g Joghurt, Saft einer Limette, 1/2 Bund Koriander

Zubereitung:

1. Das Reismehl, Kurkuma, Salz sowie die Kokosmilch und das Wasser oder Bier zusammen verrühren. Den Teig für 30 Minuten gehen lassen. Der Teig soll recht dünnflüssig sein.

2. Eine Pfanne mit etwas Öl einpinseln und den Teig kellenweise hineingeben. Die Pfanne schwenken, der Teig sollte am Rand knusprig aber und in der Mitte biegsam sein. Dann ist er fertig und kann belegt werden.

3. Die Karotte waschen und vom Grün befreien. Die Karotte sowie das Weißkraut durch eine Reibe geben.

4. Die Sojasprossen waschen und abtropfen lassen. Eine Pfanne erhitzen und die Sojasprossen sowie das Kraut und die Karotte kurz rein geben. Mit der Sojasauce würzen und den Joghurt einrühren. Den Limettensaft hinzufügen.

5. Den Koriander waschen und abtropfen lassen. Den Koriander etwas zerkleinern und darüber streuen.

Bánh Xéo Mango Kokos Vegetarisch

Zubereitungszeit: 20 Minuten

Schwierigkeitsgrad: Leicht

Zutatenliste für 2 Portionen:

100g Reismehl, 200ml Kokosmilch, Prise Salz, 1/2 TL Kurkuma, 15ml Sprudelwasser oder Schwarzbier, 3 EL Frühlingszwiebeln grün gehackt, 1 Mango, 80 Kokosraspeln, 2 TL Honig

Zubereitung:

1. Das Reismehl, Kurkuma, Salz sowie die Kokosmilch und das Wasser oder Bier zusammen verrühren. Den Teig für 30 Minuten gehen lassen. Der Teig soll recht dünnflüssig sein.

2. Eine Pfanne mit etwas Öl einpinseln und den Teig kellenweise hineingeben. Die Pfanne schwenken, der Teig sollte am Rand knusprig aber und in der Mitte biegsam sein. Dann ist er fertig und kann belegt werden.

3. Die Mango schälen, den Stein heraus lösen und das Fruchtfleisch in Streifen schneiden. Die Mango in einer Pfanne anbraten und den Honig dazu geben. Langsam karamellisieren und die Mango auf den Pfannkuchen legen.

4. Die Kokosraspeln anrösten und darüber streuen.

Bánh Xéo Tofu Vegetarisch

Zubereitungszeit: 20 Minuten

Schwierigkeitsgrad: Leicht

Zutatenliste für 2 Portionen:

100g Reismehl, 200ml Kokosmilch, Prise Salz, 1/2 TL Kurkuma, 15ml Sprudelwasser oder Schwarzbier, 3 EL Frühlingszwiebeln grün gehackt, 150g Tofu Natur, 1 Bund Koriander, 1 Bund Thai Basilikum, 1 Chili, 1 Limette

Zubereitung:

1. Das Reismehl, Kurkuma, Salz sowie die Kokosmilch und das Wasser oder Bier zusammen verrühren. Den Teig für 30 Minuten gehen lassen. Der Teig soll recht dünnflüssig sein.

2. Eine Pfanne mit etwas Öl einpinseln und den Teig kellenweise hineingeben. Die Pfanne schwenken, der Teig sollte am Rand knusprig aber und in der Mitte biegsam sein. Dann ist er fertig und kann belegt werden.

3. Die Kräuter waschen und abtropfen lassen, die Blätter abzupfen und zur Seite legen. Die Limette aufschneiden. Die Chili waschen und den Strunk entfernen, die Chili klein hacken.

4. Den Tofu in Streifen schneiden und scharf anbraten. Die Sojasauce dazu geben und den Tofu fertig garen.

5. Die Kräuter auf den Pfannkuchen geben, den Tofu reinlegen und die Chili darüber streuen. Die Limette darüber auspressen.

Bánh Xéo Scharfe Nüsse Vegetarisch

Zubereitungszeit: 20 Minuten

Schwierigkeitsgrad: Leicht

Zutatenliste für 2 Portionen:

100g Reismehl, 200ml Kokosmilch, Prise Salz, 1/2 TL Kurkuma, 15ml Sprudelwasser oder Schwarzbier, 3 EL Frühlingszwiebeln grün gehackt, 60g Erdnüsse, 60g Paranüsse, 60g Pinienkerne, 1 Chili, 1 EL Fischsauce, 1 Salatherz

Zubereitung:

1. Das Reismehl, Kurkuma, Salz sowie die Kokosmilch und das Wasser oder Bier zusammen verrühren. Den Teig für 30 Minuten gehen lassen. Der Teig soll recht dünnflüssig sein.

2. Eine Pfanne mit etwas Öl einpinseln und den Teig kellenweise hineingeben. Die Pfanne schwenken, der Teig sollte am Rand knusprig aber und in der Mitte biegsam sein. Dann ist er fertig und kann belegt werden.

3. Die Nüsse klein hacken und in eine Pfanne geben um sie zu rösten. Die Chili in Ringe schneiden und mit den Nüssen rösten. Die Fischsauce dazugeben und solange garen, bis sie verdampft ist.

4. Den Salat waschen und abtropfen lassen, den Salat in Streifen schneiden. Alles auf dem Pfannkuchen anrichten.

Bánh Xéo Banane Sesampaste Vegetarisch

Zubereitungszeit: 20 Minuten

Schwierigkeitsgrad: Leicht

Zutatenliste für 2 Portionen:

100g Reismehl, 200ml Kokosmilch, Prise Salz, 1/2 TL Kurkuma, 15ml Sprudelwasser oder Schwarzbier, 3 EL Frühlingszwiebeln grün gehackt, 2 Bananen, 2 TL Sesampaste, 30g Erdnüsse gesalzen

Zubereitung:

1. Das Reismehl, Kurkuma, Salz sowie die Kokosmilch und das Wasser oder Bier zusammen verrühren. Den Teig für 30 Minuten gehen lassen. Der Teig soll recht dünnflüssig sein.

2. Eine Pfanne mit etwas Öl einpinseln und den Teig kellenweise hineingeben. Die Pfanne schwenken, der Teig sollte am Rand knusprig aber und in der Mitte biegsam sein. Dann ist er fertig und kann belegt werden.

3. Die Bananen schälen und in Scheiben schneiden. Die Sesampaste in einer Pfanne erhitzen und die Banane rein geben und wenden.

4. Die Pfannkuchen mit den Bananen belegen. Die Erdnüsse klein hacken und darüber streuen.

Bánh Xéo Limetten Vegetarisch

Zubereitungszeit: 20 Minuten

Schwierigkeitsgrad: Leicht

Zutatenliste für 2 Portionen:

100g Reismehl, 200ml Kokosmilch, Prise Salz, 1/2 TL Kurkuma, 15ml Sprudelwasser oder Schwarzbier, 3 EL Frühlingszwiebeln grün gehackt, 1 Salatherz, 1 Paprika Rot, 1 Chili rot, 1 Limetten, 2 Stängel Koriander, 2 Stängel Basilikum, 15g Butter

Zubereitung:

1. Das Reismehl, Kurkuma, Salz sowie die Kokosmilch und das Wasser oder Bier zusammen verrühren. Den Teig für 30 Minuten gehen lassen. Der Teig soll recht dünnflüssig sein.

2. Eine Pfanne mit etwas Öl einpinseln und den Teig kellenweise hineingeben. Die Pfanne schwenken, der Teig sollte am Rand knusprig aber und in der Mitte biegsam sein. Dann ist er fertig und kann belegt werden.

3. Die Kräuter waschen und abtropfen lassen. Das Salatherz waschen und abtropfen lassen. Alles in Streifen schneiden.

4. Die Paprika waschen und vom Strunk lösen, die Kerne herausnehmen und die Paprika in dünne Streifen schneiden.

5. Die Chili vom Strunk trennen und die Limette halbieren. Den Saft der Limette mit der Chili und der Butter in einen Mixer geben und mixen. Die Chili-Limetten-Butter auf den Pfannkuchen geben und diesen mit dem Salat, Kräutern und der Paprika belegen.

Bánh Xéo Thunfisch

Zubereitungszeit: 20 Minuten

Schwierigkeitsgrad: Leicht

Zutatenliste für 2 Portionen:

100g Reismehl, 200ml Kokosmilch, Prise Salz, 1/2 TL Kurkuma, 1 Ei, 15ml Sprudelwasser oder Schwarzbier, 3 EL Frühlingszwiebeln grün gehackt, 150g Thunfischfilet, 1 Zwiebel, Saft einer Zitrone, 1 Chili, 1 Bund Minze

Zubereitung:

1. Das Reismehl, Kurkuma, Salz und das Ei sowie die Kokosmilch und das Wasser oder Bier zusammen verrühren. Den Teig für 30 Minuten gehen lassen. Der Teig soll recht dünnflüssig sein.

2. Eine Pfanne mit etwas Öl einpinseln und den Teig kellenweise hineingeben. Die Pfanne schwenken, der Teig sollte am Rand knusprig aber und in der Mitte biegsam sein. Dann ist er fertig und kann belegt werden.

3. Den Thunfisch in Scheiben schneiden. Die Zwiebel schälen und in Ringe schneiden. Die Chili waschen und klein hacken, den Strunk entfernen. Die Minze waschen und abtropfen lassen. Die Minze klein hacken.

4. Den Thunfisch anbraten und mit dem Saft der Zitrone ablöschen. Die Chili und die Minze mit dem Thunfisch mischen und auf den Pfannkuchen geben.

Bánh Xéo Rettich

Zubereitungszeit: 20 Minuten

Schwierigkeitsgrad: Leicht

Zutatenliste für 2 Portionen:

100g Reismehl, 200ml Kokosmilch, Prise Salz, 1/2 TL Kurkuma, 1 Ei, 15ml Sprudelwasser oder Schwarzbier, 3 EL Frühlingszwiebeln grün gehackt, 100g Rettich weiß, 2 Karotten, 100g Shrimps, 1 TL Zucker, 80ml Reisessig, 1 TL Salz,

Zubereitung:

1. Das Reismehl, Kurkuma, Salz und das Ei sowie die Kokosmilch und das Wasser oder Bier zusammen verrühren. Den Teig für 30 Minuten gehen lassen. Der Teig soll recht dünnflüssig sein.

2. Eine Pfanne mit etwas Öl einpinseln und den Teig kellenweise hineingeben. Die Pfanne schwenken, der Teig sollte am Rand knusprig aber und in der Mitte biegsam sein. Dann ist er fertig und kann belegt werden.

3. Den Rettich waschen und in dünne Stifte hobeln. Die Karotte waschen und ebenfalls in Stifte hobeln. Beides mit den Shrimps in einer Pfanne anbraten.

4. Den Reisessig mit dem Zucker und dem Salz hinzufügen und die Flüssigkeit verkochen lassen.

Bánh Xéo Bohnen

Zubereitungszeit: 20 Minuten

Schwierigkeitsgrad: Leicht

Zutatenliste für 2 Portionen:

100g Reismehl, 200ml Kokosmilch, Prise Salz, 1/2 TL Kurkuma, 1 Ei, 15ml Sprudelwasser oder Schwarzbier, 3 EL Frühlingszwiebeln grün gehackt, 1 Bund Koriander, 1 Chili, 1 Saft einer Limette, 150h Rindersteak, 100g Grüne Bohnen, 2 EL Fischsauce, 3 EL Erdnussöl, 80g Erdnüsse, 20g Ingwer, 1 Knoblauchzehe

Zubereitung:

1. Das Reismehl, Kurkuma, Salz und das Ei sowie die Kokosmilch und das Wasser oder Bier zusammen verrühren. Den Teig für 30 Minuten gehen lassen. Der Teig soll recht dünnflüssig sein.

2. Eine Pfanne mit etwas Öl einpinseln und den Teig kellenweise hineingeben. Die Pfanne schwenken, der Teig sollte am Rand knusprig aber und in der Mitte biegsam sein. Dann ist er fertig und kann belegt werden.

3. Den Ingwer und den Knoblauch schälen und mit dem Koriander, der Fischsauce und den Erdnüssen in einen Mixer geben und pürieren. Das Steak für 15 Minuten in die Marinade geben und danach braten.

4. Die Chili waschen und vom Strunk entfernen, die Chili in feine Ringe schneiden. Die Bohnen kurz in der Pfanne mit anbraten. Alles auf den Pfannkuchen geben und mit der Chili bestreuen.

Bánh Xéo Garnelen

Zubereitungszeit: 20 Minuten

Schwierigkeitsgrad: Leicht

Zutatenliste für 2 Portionen:

100g Reismehl, 200ml Kokosmilch, Prise Salz, 1/2 TL Kurkuma, 1 Ei, 15ml Sprudelwasser oder Schwarzbier, 3 EL Frühlingszwiebeln grün gehackt, 1 Bund Koriander, 1 Chili, 1 Saft einer Limette, 100g Garnelen küchenfertig, 1 Knoblauchzehe, 5g Ingwer, 1 TL Fischsauce,

Zubereitung:

1. Das Reismehl, Kurkuma, Salz und das Ei sowie die Kokosmilch und das Wasser oder Bier zusammen verrühren. Den Teig für 30 Minuten gehen lassen. Der Teig soll recht dünnflüssig sein.

2. Eine Pfanne mit etwas Öl einpinseln und den Teig kellenweise hineingeben. Die Pfanne schwenken, der Teig sollte am Rand knusprig aber und in der Mitte biegsam sein. Dann ist er fertig und kann belegt werden.

3. Den Ingwer und den Knoblauch schälen und mit dem Koriander, der Fischsauce und den Mungobohnen in einen Mixer geben und pürieren. Die Garnelen für 15 Minuten in die Marinade geben und danach braten.

4. Die Chili waschen und vom Strunk entfernen, die Chili in feine Ringe schneiden. Die Limette halbieren und den Saft auspressen. Chili und Limette kurz mit anbraten, dann die Zutaten mit der Fischsauce würzen.

Bánh Xéo Peperoni

Zubereitungszeit: 20 Minuten

Schwierigkeitsgrad: Leicht

Zutatenliste für 2 Portionen:

100g Reismehl, 200ml Kokosmilch, Prise Salz, 1/2 TL Kurkuma, 1 Ei, 15ml Sprudelwasser oder Schwarzbier, 3 EL Frühlingszwiebeln grün gehackt, 4 Peperoni, 1 Limette, 50g Sojasprossen, 1 Salat ihrer Wahl

Zubereitung:

1. Das Reismehl, Kurkuma, Salz und das Ei sowie die Kokosmilch und das Wasser oder Bier zusammen verrühren. Den Teig für 30 Minuten gehen lassen. Der Teig soll recht dünnflüssig sein.

2. Eine Pfanne mit etwas Öl einpinseln und den Teig kellenweise hineingeben. Die Pfanne schwenken, der Teig sollte am Rand knusprig aber und in der Mitte biegsam sein. Dann ist er fertig und kann belegt werden.

3. Die Sojasprossen mit heißem Wasser übergießen und 5 Minuten ziehen lassen. Die Limette halbieren und den Saft über die abgegoßenen Sprossen geben.

4. Die Peperoni waschen und in einer heißen Pfanne ohne Öl anrösten.

5. Den Salat waschen und bei Bedarf zerkleinern.

Bánh Xéo Schafskäse

Zubereitungszeit: 20 Minuten

Schwierigkeitsgrad: Leicht

Zutatenliste für 2 Portionen:

100g Reismehl, 200ml Kokosmilch, Prise Salz, 1/2 TL Kurkuma, 1 Ei, 15ml Sprudelwasser oder Schwarzbier, 3 EL Frühlingszwiebeln grün gehackt, 100g Spinat frisch, 20g Cocktailtomaten, 1 Zwiebel, 1 Knoblauchzehe, 2 EL Fischsauce, 3 EL Öl, 1 Packung Schafskäse, 80g Mungobohnen

Zubereitung:

1. Das Reismehl, Kurkuma, Salz und das Ei sowie die Kokosmilch und das Wasser oder Bier zusammen verrühren. Den Teig für 30 Minuten gehen lassen. Der Teig soll recht dünnflüssig sein.

2. Eine Pfanne mit etwas Öl einpinseln und den Teig kellenweise hineingeben. Die Pfanne schwenken, der Teig sollte am Rand knusprig aber und in der Mitte biegsam sein. Dann ist er fertig und kann belegt werden.

3. Den Schafskäse in Streifen schneiden.

4. Die Zwiebel in Ringe schneiden. Die Tomaten waschen und halbieren. Den Spinat waschen und abtropfen lassen.

5. Die Knoblauchzehe schälen und mit der Fischsauce und dem Öl sowie den Bohnen in einen Mixer geben und pürieren.

6. Den Koriander waschen und abtropfen lassen, leicht zerkleinern und alles in die Pfannkuchen geben.

Bánh Xéo Kugeln

Zubereitungszeit: 20 Minuten

Schwierigkeitsgrad: Leicht

Zutatenliste für 2 Portionen:

100g Reismehl, 200ml Kokosmilch, Prise Salz, 1/2 TL Kurkuma, 1 Ei, 15ml Sprudelwasser oder Schwarzbier, 3 EL Frühlingszwiebeln grün gehackt, 200g Hackfleisch Rind, 1 Chili, 1 Bund Koriander, 1 Bund Thai Basilikum, 8 Cocktail Tomaten, 2 EL Fischsauce, 1 EL Sojasauce, Sesamöl

Zubereitung:

1. Das Reismehl, Kurkuma, Salz und das Ei sowie die Kokosmilch und das Wasser oder Bier zusammen verrühren. Den Teig für 30 Minuten gehen lassen. Der Teig soll recht dünnflüssig sein.

2. Eine Pfanne mit etwas Öl einpinseln und den Teig kellenweise hineingeben. Die Pfanne schwenken, der Teig sollte am Rand knusprig aber und in der Mitte Biegsam sein. Dann ist er fertig und kann belegt werden.

3. Das Hackfleisch mit den Saucen mischen.

4. Die Kräuter abwaschen und abtropfen lassen, die Kräuter klein hacken und zum Hackfleisch geben.

5. Die Chili waschen und den Strunk entfernen, die Chili in feine Ringe schneiden. Die Tomaten waschen und in Viertel schneiden.

6. Das Hackfleisch zu Bällen formen und diese im Sesamöl anbraten.

Bánh Xéo Huhn

Zubereitungszeit: 20 Minuten

Schwierigkeitsgrad: Leicht

Zutatenliste für 2 Portionen:

100g Reismehl, 200ml Kokosmilch, Prise Salz, 1/2 TL Kurkuma, 1 Ei, 15ml Sprudelwasser oder Schwarzbier, 3 EL Frühlingszwiebeln grün gehackt, 100g Ananas Würfel, 150g Hähnchenbrust, 15g Ingwer, 1 Chili, 1 Limette, 1 Knoblauchzehe, 1 Zwiebel, 1 EL Sojasauce, 1 EL Sesamöl

Zubereitung:

1. Das Reismehl, Kurkuma, Salz und das Ei sowie die Kokosmilch und das Wasser oder Bier zusammen verrühren. Den Teig für 30 Minuten gehen lassen. Der Teig soll recht dünnflüssig sein.

2. Eine Pfanne mit etwas Öl einpinseln und den Teig kellenweise hineingeben. Die Pfanne schwenken, der Teig sollte am Rand knusprig aber und in der Mitte biegsam sein. Dann ist er fertig und kann belegt werden.

3. Die Zwiebel und die Knoblauchzehe schälen und in feine Streifen schneiden. Die Chili waschen und den Strunk entfernen, die Chili in Scheiben schneiden. Den Ingwer schälen und reiben.

4. Die Hähnchenbrust in Streifen schneiden und mit dem Ingwer, Knoblauch, der Zwiebel und dem Öl anbraten. Die Sojasauce dazugeben und die Ananas kurz unterheben.

5. Die Limette aufschneiden und auspressen, das Fleisch damit ablöschen und mit dem Saft auf den Pfannkuchen geben.

Bánh Xéo Shrimp

Zubereitungszeit: 20 Minuten

Schwierigkeitsgrad: Leicht

Zutatenliste für 2 Portionen:

100g Reismehl, 200ml Kokosmilch, Prise Salz, 1/2 TL Kurkuma, 1 Ei, 15ml Sprudelwasser oder Schwarzbier, 3 EL Frühlingszwiebeln grün gehackt, 150g Shrimps, 1 Knoblauchzehe, 2 Stängel Zitronengras, 1 Bund Koriander, 1 hartgekochtes Ei, 3 EL Sesamöl

Zubereitung:

1. Das Reismehl, Kurkuma, Salz und das Ei sowie die Kokosmilch und das Wasser oder Bier zusammen verrühren. Den Teig für 30 Minuten gehen lassen. Der Teig soll recht dünnflüssig sein.

2. Eine Pfanne mit etwas Öl einpinseln und den Teig kellenweise hineingeben. Die Pfanne schwenken, der Teig sollte am Rand knusprig aber und in der Mitte biegsam sein. Dann ist er fertig und kann belegt werden.

3. Das Ei schälen und klein hacken, den Koriander waschen und abtropfen lassen. Das Weiß des Zitronengrases mit dem Koriander klein hacken.

4. Den Knoblauch schälen und zu dünnen Stiften schneiden. Eine Pfanne erhitzen und die Knoblauchstifte sowie das Öl und die Shrimps darin anbraten.

5. Alles mit dem Koriander, Ei und Zitronengras vermengen und auf dem Pfannkuchen anrichten.

Bánh Xéo Lamm

Zubereitungszeit: 20 Minuten

Schwierigkeitsgrad: Leicht

Zutatenliste für 2 Portionen:

100g Reismehl, 200ml Kokosmilch, Prise Salz, 1/2 TL Kurkuma, 1 Ei, 15ml Sprudelwasser oder Schwarzbier, 3 EL Frühlingszwiebeln grün gehackt, 150g Lammfilet, 2 Knoblauchzehen, 15g Ingwer, 3 EL Fischsauce, 1 EL Zitronensaft, 1 Tomate, 2 Peperoni

Zubereitung:

1. Das Reismehl, Kurkuma, Salz und das Ei sowie die Kokosmilch und das Wasser oder Bier zusammen verrühren. Den Teig für 30 Minuten gehen lassen. Der Teig soll recht dünnflüssig sein.
2. Eine Pfanne mit etwas Öl einpinseln und den Teig kellenweise hineingeben. Die Pfanne schwenken, der Teig sollte am Rand knusprig aber und in der Mitte biegsam sein. Dann ist er fertig und kann belegt werden.
3. Das Fleisch in Streifen schneiden.
4. Den Knoblauch sowie den Ingwer schälen und in dem Öl reiben. Das Öl in einer Pfanne erhitzen und das Fleisch darin anbraten und garen.
5. Die Fischsauce dazugeben ebenso den Zitronensaft.
6. Das Fleisch heraus nehmen und in einer Pfanne ohne Öl die Peperoni anbraten.
7. Die Tomate waschen und halbieren und ebenfalls anbraten.

Bánh Xéo Filet Rind

Zubereitungszeit: 20 Minuten

Schwierigkeitsgrad: Leicht

Zutatenliste für 2 Portionen:

100g Reismehl, 200ml Kokosmilch, Prise Salz, 1/2 TL Kurkuma, 1 Ei, 15ml Sprudelwasser oder Schwarzbier, 3 EL Frühlingszwiebeln grün gehackt, 150g Rindersteak, 15g Ingwer, 1 Bund Koriander, 1 EL Fischsauce, 1 EL Sesampaste, 30g Mungobohnen

Zubereitung:

1. Das Reismehl, Kurkuma, Salz und das Ei sowie die Kokosmilch und das Wasser oder Bier zusammen verrühren. Den Teig für 30 Minuten gehen lassen. Der Teig soll recht dünnflüssig sein.

2. Eine Pfanne mit etwas Öl einpinseln und den Teig kellenweise hineingeben. Die Pfanne schwenken, der Teig sollte am Rand knusprig aber und in der Mitte biegsam sein. Dann ist er fertig und kann belegt werden.

3. Den Ingwer schälen und mit dem Koriander, der Fischsauce und der Sesampaste sowie den Mungobohnen in einen Mixer geben und pürieren. Das Steak für 15 Minuten in die Marinade geben und danach Medium braten.

4. Die Marinade mit in die Pfanne geben und erhitzen. Das Steak herausnehmen und in Streifen schneiden. Alles auf dem Pfannkuchen anrichten.

Vegetarische Gerichte

Mie xao Gion - Frittierte Nudeln

Zubereitungszeit: 40 Minuten

Schwierigkeitsgrad: Leicht

Zutatenliste für 2 Portionen:

250g Glasnudeln, 250ml Austernsauce, 6 EL Tapiokamehl, 1 Flasche Sojaöl zum frittieren, 300g Pak Choi

Zubereitung:

1. Das Öl in einem Topf erhitzen.

2. Die Nudeln in das Öl geben und mit einem Stab auseinander schwimmen lassen, damit sie besser frittiert werden. Die Nudeln sollten luftig erscheinen, mit einem Löffel aus dem Öl schöpfen und abtropfen lassen.

3. Den Pak Choi waschen und klein schneiden.

4. 1 Liter Wasser in einen Topf geben. Die Austernsauce hinzufügen und das Wasser aufkochen. Das Tapiokamehl mit etwas kaltem Wasser anrühren und dann in die Sauce geben zum Andicken. Unter ständigem Rühren einfüllen.

5. Den Pak Chio hinzufügen und 4 Minuten mit garen. Die Nudeln mit der Soße auf dem Teller anrichten.

Mangosalat

Zubereitungszeit: 30 Minuten

Schwierigkeitsgrad: Leicht

Zutatenliste für 4 Portionen:

2 Mangos, 4 Stängel Zitronengras, 1 Chili, 1 Knoblauchzehe, 2 Limetten, 25ml Reisessig, 2 EL Zucker, 2 EL Fischsauce, 1 Möhre, 50g Sojasprossen, 1 Zwiebel, 2 El Koriander gehackt, 1 El Basilikum gehackt

Zubereitung:

1. Die Zitronengrasstängel in Ringe schneiden. Die Chili halbieren und die Kerne sowie den Strunk herausnehmen, die Chili klein hacken. Den Knoblauch und die Zwiebel schälen und klein hacken.

2. Die Limette halbieren und auspressen. Den Reisessig, Zucker, Fischsauce und das Zitronengras in einem Topf aufkochen. Den Sud durch ein Sieb auffangen und mit dem Limettensaft, Chili und dem Knoblauch zusammen vermischen und ziehen lassen.

3. Die Mango schälen und halbieren, den Stein herauslösen und das Fleisch in feine Stifte schneiden. Die Möhre waschen und das Grün entfernen, die Möhre in Viertel schneiden und diese in Stifte.

4. Die Sojasprossen waschen und im heißen Wasser blanchieren.

5. Die Mango mit den Möhren und den Sprossen sowie den Kräutern in einer Schüssel vermischen und das Dressing darüber geben.

Do Chua Karotten Rettich

Zubereitungszeit: 40 Minuten

Schwierigkeitsgrad: Leicht

Zutatenliste für 1 Portion:

200g Karotten, 500g Rettich, 1 TL Salz, 50g Brauner Zucker, 300ml Reisessig hell, 250ml Wasser, Prise Zucker

Zubereitung:

1. Die Karotten sowie den Rettich waschen und zu Stiften schneiden. Beides in eine Schüssel geben und mit dem Salz sowie einer Prise Zucker bestreuen und durchmischen.
2. Den Rettich mit den Karotten in ein Sieb geben und gut abspülen. Die Masse mit den Händen ausdrücken und in ein Glas mit Schraubverschluss füllen.
3. Das Wasser, den Reisessig sowie die 50g Zucker erhitzen und solange rühren, bis der Zucker aufgelöst ist. Die Lake über das Gemüse geben, das Glas gut verschließen und für bis zu 4 Wochen aufbewahren.

Banh Tieu - Frittierte Brötchen

Zubereitungszeit: 40 Minuten

Schwierigkeitsgrad: Leicht

Zutatenliste für 4 Portionen:

1 KG Mehl, 500ml Wasser warm, 200g Zucker, 1 Würfel Hefe, 1 1/2 TL Salz, Sesam

Zubereitung:

1. Die Zutaten bis auf die Sesamsamen zu einem Teig verarbeiten. Den Teig 30 Minuten gehen lassen.

2. Aus dem Teig 16 Kugeln Formen. Sesam auf der Arbeitsplatte ausstreuen und jede der Kugeln auf dieser Fläche ausrollen.

3. Das Öl vorm Frittieren erhitzen.

4. Die ausgerollten Teigplatten in das Öl geben und bei mittlerer Hitze garen und mehrmals wenden.

5. Die Teigtaschen, wenn sie goldbraun sind, herausnehmen und abtropfen lassen.

Kung Pao Soße

Zubereitungszeit: 40 Minuten

Schwierigkeitsgrad: Leicht

Zutatenliste für 4 Portionen:

50ml Essig, 100g Zucker, 100ml Sojasauce dunkel, 5 EL Weißwein, 5 EL Reisessig dunkel, 1/2 TL Sambal Olek, 1/2 TL Ingwer gehackt, 1 Knoblauchzehe gehackt, 30g Cashewnüsse geröstet, 1 EL Speisestärke, 2 EL Wasser

Zubereitung:

1. Die Knoblauchzehe schälen. Den Ingwer schälen und beides in einer Pfanne anbraten.

2. Die restlichen Zutaten zusammen in einen Topf geben und 5 Minuten aufkochen. Den Ingwer und Knoblauch dazugeben und die Speisestärke mit dem kalten Wasser anrühren und danach in den Topf einrühren.

3. Die Soße vom Herd nehmen und abkühlen lassen, die Nüsse klein hacken und hineingeben.

Saté

Zubereitungszeit: 40 Minuten

Schwierigkeitsgrad: Leicht

Zutatenliste für 4 Portionen:

3 EL Erdnussbutter, 3 EL Kokoscreme, 2 EL Sojasauce, 1 TL Currypaste, 1 Knoblauchzehe, 5g Ingwer, 1 TL Palmzucker, 1 TL Rohrzucker

Zubereitung:

1. Die Knoblauchzehe schälen. Den Ingwer schälen und beides in einem Mixer pürieren.

2. Die restlichen Zutaten untermischen und für 30 Minuten ziehen lassen.

Tofu Rolle

Zubereitungszeit: 25 Minuten

Schwierigkeitsgrad: Leicht

Zutatenliste für 4 Portionen:

4 Reispapier Rund, 250g Glasnudeln, 1 Möhre, 100g Sojasprossen, 1 Salatherz, 1 Bund Koriander, 1 Bund Minze, 4 El Hoisin Sauce, 4 EL Sojasauce, 2 EL Erdnussbutter, 200g Tofu Natur

Zubereitung:

1. Die Soßen mit der Erdnussbutter vermischen und zur Seite stellen. Die Glasnudeln in heißem Wasser weichen lassen und abgießen.

2. Den Koriander und die Minze waschen, den Salat ebenso waschen und alles gut abtropfen lassen. Die Salatblätter halbieren und die Kräuter klein hacken.

3. Die Möhre waschen und das Grün lösen. Die Möhre durch eine Reibe raspeln.

4. Den Tofu in feine Streifen schneiden. Den Tofu kurz in einer heißen Pfanne anrösten.

5. Das Reispapier befeuchten und auf einen Teller geben. Auf jedes Reispapier ein Salatblatt und auf das Salatblatt die restlichen Zutaten.

6. Das Reisblatt von unten fest zusammengedrückt nach oben rollen. Auf der Hälfte die Seiten einschlagen und weiter rollen, durch das Anfeuchten hält es von alleine.

Da Chang Limonade

Zubereitungszeit: 10 Minuten

Schwierigkeitsgrad: Leicht

Zutatenliste für 4 Portionen:

3 Limetten, 8 Stiele Minze, 15g Ingwer, 400g Rohrzucker, 100ml Wasser, Eiswürfel, 1 Granatapfel, 1 Liter Mineralwasser

Zubereitung:

1. Die 2 Limetten halbieren und auspressen. Die 3. Limette in Scheiben schneiden.

2. Den Ingwer schälen und klein hacken. Die Minze waschen und abtropfen lassen.

3. Den Zucker mit dem Limettensaft, Ingwer und Minzblätter in eine Kanne geben und mit dem Wasser auffüllen. Die Kanne für 4 Stunden in den Kühlschrank geben bis sich daraus ein Sirup gebildet hat.

4. Gläser zu 3/4 mit Eiswürfel füllen und dann den Sirup 1:3 mit Mineralwasser einfüllen. Eine Limettenscheibe pro Glas dazugeben, ebenso wie die Minzblätter. Den Granatapfel aufschneiden und mit einem Holzlöffel hart auf die Schale hauen, um die Kerne einfacher zu lösen. Die Kerne als Dekoration mit in die Gläser geben und mit einem Strohhalm servieren.

Nuoc Cham Dip

Zubereitungszeit: 10 Minuten

Schwierigkeitsgrad: Leicht

Zutatenliste für 1 Portion:

2 Knoblauchzehen, 2 Chili, 2 EL Palmzucker, 2 EL Limettensaft, 3 EL Fischsauce, 2 EL Wasser warm

Zubereitung:

1. Den Zucker mit dem warmen Wasser verrühren, bis er aufgelöst ist.
2. Den Knoblauch schälen und durch eine Presse in den Zucker geben.
3. Die Chili waschen und vom Strunk entfernen. Die Chili klein hacken und mit den Restlichen Zutaten in die Schale zu Zucker und Knoblauch geben.
4. Alles gut verrühren und mindestens 1/2 Stunde ziehen lassen.

Mi Quang - Scharfe Kokossuppe Tofu

Zubereitungszeit: 40 Minuten

Schwierigkeitsgrad: Leicht

Zutatenliste für 4 Portionen:

20g Ingwer, 2 Frühlingszwiebel, 4 Schalotten, 2 Knoblauchzehen, 2 Stangen Zitronengras, 50g Shiitakepilze, 2 Chili, Saft 1 Limette, 3 EL Zucker, 400ml Kokosmilch, 400g Natur Tofu, 150g Champignon, 200g Reisbandnudeln, 1 Bund Koriander, 4 Stängel Minze, 100g Erdnüsse

Zubereitung:

1. Den Knoblauch sowie die Schalotten schälen und mit dem Zitronengras und der Chili klein hacken. Die Frühlingszwiebeln ebenfalls reinigen und klein hacken. Die zerkleinerten Zutaten zusammen in heißem Öl anbraten. Etwa 1 1/2 Liter heißes Wasser hinzufügen und köcheln lassen.

2. Den Ingwer schälen und in dünne Scheiben schneiden. Das Zitronengras weich klopfen und klein hacken. Die Shiitakepilze und die Champignon mit einem feuchten Tuch reinigen und bei Bedarf in Scheiben schneiden. Die Zutaten zur Brühe hinzufügen.

3. Den Tofu würfeln und 20 Minuten mit köcheln lassen. Die Kokosmilch einrühren und die Suppe mit Salz, Zucker, Sojasauce und Limettensaft abschmecken.

4. Den Koriander waschen und klein hacken. Die Minze von den Stängeln lösen. Die Nudeln in eine Schale geben und mit der heißen Brühe übergießen und ziehen lassen. Koriander, Minze und die Erdnüsse darüber streuen.

Nouc Mam Blumenkohl

Zubereitungszeit: 30 Minuten

Schwierigkeitsgrad: Leicht

Zutatenliste für 2 Portionen:

1 Blumenkohl, 100g Erdnüsse, 1 Zwiebel, 60ml Reisessig, 75ml Fischsauce, 60g Zucker, 2 Knoblauchzehen, 2 Chili, 1/2 Bund Koriander, Erdnussöl

Zubereitung:

1. Den Blumenkohl in Röschen schneiden und mit Öl beträufeln. Im Backofen bei 220°C Ober und Unterhitze ca 15 Minuten rösten.

2. Die Erdnüsse grob hacken und in einer Pfanne anrösten.

3. Die Knoblauchzehe sowie die Zwiebel schälen. Die Chili waschen und den Strunk entfernen. Den Koriander waschen und abtropfen lassen. Alles zusammen klein hacken und in einen Topf geben mit 240ml Wasser, dem Reisessig, Zucker und der Fischsauce. Alles kurz aufkochen, bis der Zucker aufgelöst ist.

4. Den Blumenkohl auf einen Teller geben und mit dem Dressing und den Erdnüssen mischen.

Pikanter Salat

Zubereitungszeit: 30 Minuten

Schwierigkeitsgrad: Leicht

Zutatenliste für 4 Portionen:

5 Knoblauchzehen, 5 Chili, 1 Saft einer Zitrone, 5 EL Fischsauce, 5 EL Reisessig hell, 100ml Wasser, 50g Zucker braun, 200g Reisnudeln, 1 Salatgurke, 2 Möhren, 2 Frühlingszwiebel, 50g Sojasprossen, 3 Chili Rot, 10 Blatt Koriander, 10 Blatt Minze

Zubereitung:

1. Den Knoblauch schälen, die Chili von Strunk und Kernen trennen und beides zusammen klein hacken. Den Saft der Zitrone mit der Fischsauce und dem Essig, Wasser, Zucker und Knoblauch sowie Chili in einem Topf erhitzen, nicht kochen und abkühlen lassen.

2. Die Reisnudeln im warmen Wasser 10 Minuten ziehen lassen und abgießen.

3. Die Salatgurke waschen und schälen, die Kerne entfernen. Die Möhre waschen und das Grün entfernen. Die Frühlingszwiebeln waschen und alles in kleine Stücke schneiden. Die Sojasprossen waschen und kurz mit heißem Wasser übergießen. Die Chili vom Strunk trennen und klein hacken.

4. Die Zutaten zusammen in eine Schüssel geben und mit 6 Esslöffeln der Soße anrichten. Den Rest der Soße in ein Glas mit Schraubverschluss geben und im Kühlschrank aufbewahren. Ca. 3-4 Tage haltbar.

Curry

Zubereitungszeit: 30 Minuten

Schwierigkeitsgrad: Leicht

Zutatenliste für 2 Portionen:

1 Paprika Rot, 1 Banane, 1 Zwiebel, 1 Dose Kokosmilch, Salz, Pfeffer, Curry, Kurkuma, 1 Bund Koriander, 2 El Öl, 150g Reis, 150g Tofu Natur

Zubereitung:

1. Die Zwiebel schälen und in feine Ringe schneiden. Die Paprika waschen und den Strunk sowie das Kerngehäuse entfernen. Die Paprika würfeln.

2. Die Banane schälen und in feine Scheiben schneiden. Den Tofu in kleine Würfel schneiden.

3. Das Öl in einer Pfanne erhitzen und das Gemüse sowie den Tofu und die Banane anbraten.

4. Die Kokosmilch in die Pfanne geben und damit das Essen ablöschen, mit den Gewürzen würzen.

5. Den Koriander waschen und abtropfen lassen, den Koriander klein hacken und darüber streuen.

6. Den Reis nach Anleitung kochen.

Banh Xeo - Crepes Vegan

Zubereitungszeit: 40 Minuten

Schwierigkeitsgrad: Leicht

Zutatenliste für 2 Portionen:

200g Reismehl, 1TL Kurkuma, 250ml Kokosmilch, Saft 1 Limette, 2 EL Sojasauce, 1 Knoblauchzehe, 2 Karotten, 2 TL Zucker, 4 Frühlingszwiebel, 250g Champignon, 1 Bund Koriander, 1 Bund Minze, 1 EL Sojasauce, 200g Mungebohnensprossen

Zubereitung:

1. Das Reismehl mit dem Kurkuma, Salz und der Kokosmilch verrühren. 250ml Wasser nach und nach einrühren und den Teig 30 Minuten gehen lassen.

2. Den Limettensaft mit der Sojasauce und dem Zucker sowie 3 EL Wasser vermischen. Den Knoblauch schälen und durch eine Presse in den Saft geben.

3. Die Karotten waschen und das Grün entfernen, die Karotten mit einer Reibe raspeln.

4. Die Champignons mit einem feuchten Tuch reinigen und in Scheiben schneiden. Die Frühlingszwiebeln waschen und klein schneiden. Die Kräuter waschen und klein hacken.

5. In einer Pfanne etwas Öl erhitzen und die Champignons mit den Frühlingszwiebeln anbraten. Sojasauce hinzufügen und das Wasser verdampfen lassen. Das Gemüse aus der Pfanne geben.

6. Erneut Öl hineingeben und den Teig mit einer Schöpfkelle in die Pfanne geben. Den Teig ausbacken und füllen.

Sommerrolle

Zubereitungszeit: 40 Minuten

Schwierigkeitsgrad: Leicht

Zutatenliste für 4 Portionen:

4 Reispapier Rund, 250g Glasnudeln, 1 Möhre, 100g Sojasprossen, 1 Salatherz, 1 Bund Koriander, 1 Bund Minze, 4 El Hoisin Sauce, 4 EL Sojasauce, 2 EL Erdnussbutter

Zubereitung:

1. Die Soßen mit der Erdnussbutter vermischen und zur Seite stellen.
2. Die Glasnudeln in heißem Wasser weich quellen lassen.
3. Den Koriander und die Minze waschen, den Salat ebenso waschen und alles gut abtropfen lassen. Die Salatblätter halbieren und die Kräuter klein hacken.
4. Die Möhre waschen und das Grün lösen. Die Möhre durch eine Reibe raspeln.
5. Das Reispapier befeuchten und auf einen Teller geben. Auf jedes Reispapier ein Salatblatt und auf das Salatblatt die restlichen Zutaten.
6. Das Reisblatt von unten fest zusammengedrückt nach oben rollen. Auf der Hälfte die Seiten einschlagen und weiter rollen, durch das Anfeuchten hält es von alleine.

Gerichte mit Schwein

Banh Bao Gefüllte Taschen

Zubereitungszeit: 40 Minuten

Schwierigkeitsgrad: Leicht

Zutatenliste für 3 Portionen:

500g Weizenmehl, 1 Päckchen trocken Hefe, 200ml Milch lauwarm, 1/2TL Salz, 3 EL Zucker, 250g Hackfleisch vom Schwein, 50g Glasnudeln, 10g Mu Err Pilze getrocknet, 1 Zwiebel, 2 Knoblauchzehen, Pfeffer, Salz, 3 EL Fischsauce, 3 Eier hart

Zubereitung:

1. Die Hefe mit dem Mehl und dem Wasser sowie dem Salz und dem Zucker vermischen. Den Teig gut durchkneten, er darf nicht kleben. Den Teig mit einem Tuch oder Deckel abdecken und für 3 Stunden gehen lassen.

2. Die Nudeln mit den Pilzen in heißem Wasser weich werden lassen und abgießen. Beides mit dem Hackfleisch vermischen.

3. Die Zwiebel und den Knoblauch schälen und klein hacken. Zusammen mit der Fischsauce, Salz und Pfeffer in das Hackfleisch einarbeiten.

4. Die Eier schälen und halbieren.

5. Den Teig nochmals durchkneten und in 6 Teile teilen. Diese Teile zu Kugeln formen und diese Kugeln ausrollen.

6. Die Füllung in die Mitte des Teiges geben und ein halbes Ei jeweils darauf setzen. Den Teig an zwei Seiten hochnehmen und ihn verschließen, dann die anderen Seiten verschließen.

7. Die Banh Bao auf Backpapier in den Dämpfer geben und 20 Minuten dämpfen.

Spare Ribs Vietnam

Zubereitungszeit: 40 Minuten

Schwierigkeitsgrad: Leicht

Zutatenliste für 4 Portionen:

500g Spare Ribs, 1 gehackte Knoblauchzehe, 1 gehackte Schalotte, 1/2 TL Salz, 1/2 TL Pfeffer, 1 TL Gemüsebrühe Instant, 1 TL Zucker braun, 100ml Kokosnusswasser, 1 TL Fischsauce

Zubereitung:

1. Die Spare Ribs in einzelne Ribs zerlegen.
2. Die Ribs mit der Schalotte, dem Knoblauch sowie den Gewürzen einreiben und 20 Minuten ziehen lassen.
3. Öl in einem Topf erhitzen und den Zucker dazugeben. Den Zucker schmelzen und die Ribs hineinlegen. Von beiden Seiten scharf anbraten. Das Kokoswasser dazugeben und auf mittlerer Hitze für 25 Minuten mit geschlossenem Deckel köcheln.
4. Den Deckel abnehmen und erneut für 25 Minuten weiter köcheln.
5. Die Ribs mit der übrigen Soße auf einem Teller anrichten.

12 Std. Mortadella für Banh Mi

Zubereitungszeit: 60 Minuten

Schwierigkeitsgrad: Leicht

Zutatenliste für 4 Portionen:

1 Kg Schweinefleisch gehackt, 200g Speck gehackt, 250ml Wasser, 8 Fischsauce, 2 TL Salz, 2 TL Pfeffer, 1 EL Zucker, 1 TL Chiliflocken, 2 TL Backpulver, 2 EL Tapioka, 6-8 Bananenblätter

Zubereitung:

1. Das Schweinefleisch und den Speck in der Küchenmaschine mischen und fein hacken. Die Fischsauce, das Salz, Pfeffer, Chili und Zucker dazugeben und sehr gut durchkneten.

2. Das Wasser mit dem Tapiokamehl und dem Backpulver verrühren. Die Flüssigkeit ins Fleisch rühren und über Nacht kalt stellen. Die Maße am nächsten Tag nochmals durchkneten.

3. Die Bananenblätter sauber und das innere von der Rippe entfernen, kurz in eine Pfanne oder über eine Flamme geben damit sie weich werden. Die Bananenblätter so hinlegen, dass sie eine Gesamtgröße von 50x50 haben und die Fleischmasse in zwei Portionen aufteilen.

4. Auf dem Bananenblatt die Fleischmasse zu einer Rolle formen und das Blatt zur Hälfte um das Fleisch wickeln. Die Enden des Blattes einschlagen und fertig wickeln. Das Päckchen mit einem Band oder Stäben gut zupacken.

5. Den Dampfgarer vorheizen und die Blätter für 90 Minuten dämpfen. Wer keinen Dampfgarer hat, kann einen großen Topf mit Wasser nehmen und ein Sieb darüber halten. In das Sieb die Bananenblätter.

Spare Ribs Hot

Zubereitungszeit: 40 Minuten

Schwierigkeitsgrad: Leicht

Zutatenliste für 4 Portionen:

500g Spare Ribs, 1 gehackte Knoblauchzehe, 1 gehackte Schalotte, 1/2 TL Salz, 1/2 TL Pfeffer, 1 TL Gemüsebrühe Instant, 1 TL Zucker braun, 100ml Kokosnusswasser, 1 TL Fischsauce, 5g Wasabi, 5g Ingwer

Zubereitung:

1. Die Spare Ribs in einzelne Ribs zerlegen.
2. Ingwer und Wasabi über einer Reibe reiben.
3. Die Ribs mit der Schalotte, dem Knoblauch sowie den Gewürzen, dem Wasabi und Ingwer einreiben und 20 Minuten ziehen lassen.
4. Öl in einem Topf erhitzen und den Zucker dazugeben. Den Zucker schmelzen und die Ribs hineinlegen. Von beiden Seiten scharf anbraten. Das Kokoswasser dazugeben und auf mittlerer Hitze für 25 Minuten mit geschlossenem Deckel köcheln.
5. Den Deckel abnehmen und erneut für 25 Minuten weiter köcheln.
6. Die Ribs mit der übrigen Soße auf einem Teller anrichten.

Nuoc Thiet Schweinebauch

Zubereitungszeit: 30 Minuten

Schwierigkeitsgrad: Leicht

Zutatenliste für 2 Portionen:

700g Schweinebauch, 3 Eier hartgekocht, 3 EL Zucker Braun, 1 EL Sojasauce, Wasser, 200g Reis, 4 Gewürzgurken

Zubereitung:

1. Den Schweinebauch in Streifen schneiden.
2. Den Zucker in einem Topf verteilen und so viel Wasser dazugeben, bis der Zucker leicht aufgesogen ist. Den Zucker erhitzen, bis er geschmolzen ist.
3. Das Fleisch in den Zucker geben und andünsten. Mit Wasser auffüllen, bis alles bedeckt ist und die Flüssigkeit eindicken lassen, für 3 Stunden bei geringer Hitze köcheln lassen.
4. Die Sojasauce dazugeben und umrühren. 20 Minuten vor Ende der Garzeit die Eier schälen, in Viertel schneiden und in die Soße geben.
5. Den Reis nach Anleitung kochen.
6. Den Reis mit dem Schmortopf und den Gürkchen auf einem Teller anrichten.

Vietnamesischer Neujahrskuchen

Zubereitungszeit: 40 Minuten

Schwierigkeitsgrad: Leicht

Zutatenliste für 4 Portionen:

1Kg Reis, 800g Mungobohnen, 1Kg Schweinefleisch, 4TL Salz, Pfeffer, 4 Zwiebel

Zubereitung:

1. Die Mungobohnen über Nacht einweichen. Am nächsten Tag abgießen und ausspülen.

2. Den Reis 2 Stunden im kalten Wasser einweichen.

3. Das Fleisch in Stücke schneiden. Die Zwiebel schälen und klein hacken.

4. Das Fleisch mit den Zwiebeln, 3 TL Salz und Pfeffer mischen. Die Bohnen mit 1 TL Salz aufkochen und köcheln lassen bis sie weich sind. Mit einem Kartoffelstampfer zu Püree stampfen.

5. Eine Form nehmen und den Reis und die Bohnen in zwei Portionen teilen. Eine Lage Reis in den Container drücken, und eine Lage Mungobohnen und Fleisch dann wieder Reis solange Schichten bis es leer ist, die letzte Lage sollte Reis sein. Folie über den Kuchen ziehen.

6. Die Form in eine größere Form stellen mit Wasser und in diesem Wasserbad alles für 6 Stunden kochen lassen. Die Flüssigkeit abgießen und den Kuchen auf einer Platte lagern. Über Nacht kaltstellen. Vor dem Servieren in Scheiben schneiden und diese in einer Pfanne ohne Öl anbraten bis es schön Braun ist.

Cao Lau - Nudeln mit Schwein

Zubereitungszeit: 40 Minuten

Schwierigkeitsgrad: Leicht

Zutatenliste für 3 Portionen:

2 TL Kurkuma, 2 Knoblauchzehen, 3 Zitronengras Stängel, 1 EL 5 Gewürz Pulver, 4 EL Sojasauce, 2 EL Honig, 1 Chili, Salz, Pfeffer, 500g Schweinenacken, 1 Scheibe Bachspeck, 500g Reisnudeln, 100g Sojasprossen, 2 Stiele Minze, 2 Stiele Basilikum, Saft einer Limette, 3 EL Öl, 1 Salatherz

Zubereitung:

1. Den Knoblauch schälen und mit dem Zitronengras und der Chili klein hacken. Das Kurkuma Pulver sowie das 5 Gewürz Pulver mit der Sojasauce, Salz und Pfeffer vermischen.

2. Das Fleisch, Schweinenacken und Bauchfleisch in dünne Streifen schneiden und mit der Marinade mischen. Das Fleisch für 3 Stunden ziehen lassen.

3. Das Öl erhitzen und das Fleisch darin anbraten. Die restliche Marinade und etwas Wasser bis das Fleisch bedeckt ist hinzugeben und 45 Minuten schmoren lassen. Kurz vor Ende die Sojasprossen mit dazugeben und unterheben.

4. Die Nudeln nach Anleitung kochen.

5. Die Minze und das Basilikum waschen und abtropfen lassen. Beides klein hacken. Den Salat ebenfalls waschen, abtropfen lassen und in feine Streifen schneiden.

6. Den Salat in die Schale geben. Die Nudeln mit der Minze und dem Basilikum sowie dem Limettensaft mischen und in eine Schüssel geben. Das Fleisch darauf verteilen.

Gerichte mit Geflügel

Gebratener Reis

Zubereitungszeit: 20 Minuten

Schwierigkeitsgrad: Leicht

Zutatenliste für 4 Portionen:

400g Reis, 300g Weißkohl, 1/2 Bund Frühlingszwiebel, 1 Zwiebel, 3 Eier, 300g Hähnchenburst, 3 El Sesamöl, 2 EL Fischsauce, 1 Bund Koriander, 1 Bund Schnittlauch, Salz, Pfeffer

Zubereitung:

1. Den Reis nach Anleitung kochen und vollständig abkühlen lassen. Das Fleisch reinigen und in feine Streifen schneiden.
2. Die Eier mit Salz und Pfeffer vermischen und aufschlagen. Den Schnittlauch waschen und klein hacken. Unter das Ei heben.
3. Die Zwiebel schälen und die Frühlingszwiebel waschen und die Wurzel entfernen. Beides klein hacken. Den Weißkohl putzen und in Würfel schneiden. Den Koriander waschen und die Blätter abtrennen.
4. Das Öl erhitzen und die Eier hineingeben, die Eier zu Rührei braten und herausnehmen. Die Zwiebeln mit dem Hähnchen hineingeben. Alles würzen und das Gemüse dazugeben. Den Reis unterheben und für 3 Minuten braten. Die Eier wieder dazugeben und den Koriander darüber streuen.

Smaragd Suppe

Zubereitungszeit: 40 Minuten

Schwierigkeitsgrad: Leicht

Zutatenliste für 4 Portionen:

250g Hühnerbrust, 250g Fisch entgrätet, 100g Spinat frisch, 20g Erbsen Sprossen, 10g Pilze getrocknet, 1 Tasse Brühe vom Rind, 1/2 TL Salz, 1 TL Reiswein, 2 Sake, 1/2 TL Essig, 2 TL Reiswein, 1 TL Pfeffer, Sesam Öl

Zubereitung:

1. Die Hähnchenbrust und den Fisch durch den Fleischwolf geben.

2. Den Spinat waschen und den Stängel entfernen. Den Spinat klein hacken. Den Spinat in das Hähnchen-Fisch-Gemisch einfügen und mit Salz, 1/2 Teelöffel Reiswein und den 2 Sake würzen.

3. Die getrockneten Pilze für 30 Minuten im heißen Wasser quellen lassen. Die Brühe in einem Topf erhitzen und zum Kochen bringen.

4. Aus dem Fleisch Bällchen formen und die in die heiße Brühe geben. Die Pilze mit den restlichen Zutaten zusammen in die Brühe geben und alles für 15 Minuten köcheln lassen.

Knoblauchhuhn

Zubereitungszeit: 30 Minuten

Schwierigkeitsgrad: Leicht

Zutatenliste für 2 Portionen:

500g Hähnchenbrust, 1 Paprika Rot, 1 Paprika Grün, 1 Paprika Gelb, 200g Zuckerschoten, 4 Knoblauchzehen, 2 Zwiebel, 6 EL Austernsauce, 1 TL Salz, 4 EL Öl, 1 TL Garnelenpaste, 150g Reis

Zubereitung:

1. Die Hähnchenbrust in Streifen schneiden.

2. Die Zuckerschoten waschen und die holzigen Stiele entfernen. Die Zwiebeln schälen und beides in Viertel schneiden.

3. Den Knoblauch schälen und klein hacken.

4. Das Öl in einen Wok geben und die Krebspaste mit dem Hähnchenfleisch anbraten.

5. Die Paprika waschen, halbieren und die Kerne sowie den Strunk entfernen. Die Paprika in Stücke schneiden und zu dem Fleisch dazugeben.

6. Knoblauch und Zwiebeln sowie Zuckerschoten ebenfalls hinzufügen.

7. Alles zusammen ca. 5-8 Minuten garen.

8. Den Reis nach Anleitung zubereiten und zusammen mit dem Hähnchen servieren.

Soleier

Zubereitungszeit: 20 Minuten

Schwierigkeitsgrad: Leicht

Zutatenliste für 4 Portionen:

10 Eier, 2 Beutel Schwarztee oder 10g, 4 Sternanis, 80ml Sojasauce, 1,5 Liter Wasser, 1 TL Salz, 1 TL Gewürzmischung Five Spices, 5g Ingwer

Zubereitung:

1. Die Eier hart kochen und im kalten Wasser abschrecken. Die Eier schälen.
2. Das Wasser mit den Gewürzen und dem Tee aufkochen. Die Eier vorsichtig in den Topf geben und 1 Stunde lang köcheln lassen.
3. Den Topf vom Herd nehmen und alles für 2 Stunden abkühlen lassen. Die Eier passen zu Reis, Reisnudeln, Salaten oder auf Burger und Baguette sowie in Frühlingsrollen.

Bananen-Curry

Zubereitungszeit: 30 Minuten

Schwierigkeitsgrad: Leicht

Zutatenliste für 2 Portionen:

200g Hähnchenfilet, 1 Paprika Rot, 1 Banane, 1 Zwiebel, 1 Dose Kokosmilch, Salz, Pfeffer, Curry, Kurkuma, 1 Bund Koriander, 2 El Öl, 150g Reis

Zubereitung:

1. Die Zwiebel schälen und in feine Ringe schneiden. Die Paprika waschen und den Strunk sowie das Kerngehäuse entfernen. Die Paprika würfeln.

2. Die Banane schälen und in feine Scheiben schneiden.

3. Das Hähnchenfleisch in Würfel schneiden.

4. Das Öl in einer Pfanne erhitzen und das Fleisch darin anbraten. Mit den Gewürzen würzen und die Paprika, Banane und Zwiebel hinzufügen und mit anbraten.

5. Die Kokosmilch in die Pfanne geben und damit das Essen ablöschen.

6. Den Koriander waschen und abtropfen lassen, den Koriander klein hacken und darüber streuen.

7. Den Reis nach Anleitung kochen.

Karamell-Huhn

Zubereitungszeit: 40 Minuten

Schwierigkeitsgrad: Leicht

Zutatenliste für 6 Portionen:

900g Hähnchenfilet, 100g Zuckerschoten, 5 Frühlingszwiebeln, 3 Peperoni, 150g Cashewnüsse, 2 Zweige Koriander gehackt, 1 Chili, 2 EL Fischsauce, 1 Saft einer Limette, Öl, 4 EL Zucker weiß, 4 EL Zucker Braun, 1 EL Wasser, 6 Knoblauchzehen gepresst, 1 EL Sesam Öl, 10g Ingwer gehackt, 3 EL Fischsauce, 180ml heißes Wasser, 200ml Geflügelfond, 200g Reisnudeln

Zubereitung:

1. Die Nudeln in heißem Wasser garen und abgießen.

2. Das Hähnchenfleisch in Streifen schneiden und scharf anbraten. Die Zuckerschoten halbieren und hinzufügen.

3. Die Frühlingszwiebeln waschen und in Ringe schneiden. Ebenfalls mit anbraten. Die Chili klein hacken und unterheben. Die Peperoni im Ganzen hinzufügen. Alles für 3 Minuten dünsten und mit dem Limettensaft und 1 EL Fischsauce ablöschen.

4. Für die Soße den weißen Zucker mit 2 EL Wasser schmelzen, wenn der Zucker gebräunt ist, das Öl, Knoblauch und den Ingwer hinzugeben. 3 EL Fischsauce einrühren und mit dem heißen Wasser ablöschen. Die 4 Esslöffel braunen Zucker einrühren und alles auf die Hälfte zurück kochen lassen. Den Geflügelfond einrühren. Das Fleisch und das Gemüse hineingeben und für 1 Stunde ziehen lassen. Alles wieder erwärmen.

5. Die Cashewkerne und den gehackten Koriander sowie die Nudeln kurz vor dem Servieren unterheben.

Huhn Cashewnüsse Salat

Zubereitungszeit: 30 Minuten

Schwierigkeitsgrad: Leicht

Zutatenliste für 4 Portionen:

80g Cashewnüsse, 2 EL Kokosraspeln, 2 EL Öl, 1 Zwiebel, 4 Knoblauchzehen, 2 Chili, 350g Hühnerbrust in Streifen, 1 Paprika Rot, 1 Paprika Grün, 2 EL Austernsoße, 1 EL Fischsoße, 1 TL Zucker, 320g Ananas frisch, 3 Frühlingszwiebel

Zubereitung:

1. Die Paprika waschen und den Strunk sowie die Kerne entfernen, die Paprika klein hacken.

2. Die Knoblauchzehe und die Zwiebel schälen und klein hacken. Die Chili waschen und den Strunk entfernen, die Chili in dünne Streifen schneiden.

3. Die Frühlingszwiebel waschen und in Ringe schneiden.

4. Die Ananas schälen und den Strunk entfernen, das Fleisch der Ananas in kleine Stücke schneiden.

5. Die Nüsse und Kokosraspeln in einer heißen Pfanne anrösten und zur Seite stellen.

6. Die Pfanne wieder auf die Herdplatte und Öl hineingeben. Das Hühnerfleisch darin anbraten und Zwiebeln, Knoblauch, Chili dazugeben. Gut unterheben, die Paprika ebenfalls mit dazugeben und alles garen.

7. Die Austern und Fischsoße zum Würzen dazugeben. Die Ananas und Frühlingszwiebeln unterheben. Alles in eine Schale füllen und mit den Nüssen und Kokosflocken bestreuen.

Bahn Mi - Sandwich

Zubereitungszeit: 40 Minuten

Schwierigkeitsgrad: Leicht

Zutatenliste für 4 Portionen:

1 Knoblauchzehe, 3 TL Sojasauce, 3 EL Sesamöl, Pfeffer, Salz, Paprikapulver, 400g Hähnchenbrust, 150g Möhren, 150g Rettich weiß, 1 EL Weißweinessig, 100g Mayonnaise, 3 EL Sriracha, 1 EL Honig, 4 Baguette Brötchen, 1 Gefrierbeutel, 1 Bund Koriander

Zubereitung:

1. Den Knoblauch schälen und klein hacken. Mit 2 EL Sojasauce und 2 EL Öl vermischen, Pfeffer, Salz, Paprikapulver dazugeben und das Hähnchenfilet in Streifen geschnitten mit der Marinade in den Gefrierbeutel geben. Alles gut durchkneten.

2. Die Möhren sowie den Rettich waschen und das Grün entfernen. Beides mit einer Reibe raspeln. Mit Essig, Salz und Mayonnaise, Sojasauce und 1EL Sesamöl vermischen.

3. Das Öl in einer Pfanne erhitzen und das Fleisch durchbraten. Den Honig darüber träufeln und die Pfanne zur Seite stellen. Den Koriander waschen und abtropfen lassen. Den Koriander klein hacken.

4. Die Brötchen aufschneiden und die Mayonnaise darauf verteilen. Die Brötchen mit den Zutaten belegen und die Sriracha Soße darüber träufeln.

Gerichte mit Fisch

Seeteufel

Zubereitungszeit: 45 Minuten

Schwierigkeitsgrad: Leicht

Zutatenliste für 4 Portionen:

800g Seeteufelfilet, 100g Ingwer, 50g Kurkuma, 3 Knoblauchzehen, 150g Joghurt, Saft 1 Limette, Salz, Pfeffer, 1 Chili, 3 Zwiebel, 500ml Reisöl, 1 Limette, 1 Bund Dill

Zubereitung:

1. Den Seeteufel waschen und abtrocknen, den Seeteufel in 3cm große Stücke schneiden.

2. Den Ingwer schälen, den Knoblauch schälen, den Kurkuma schälen. Die Zwiebel schälen und in feine Ringe schneiden. Die Chili abwaschen und den Strunk entfernen. Die Chili klein hacken.

3. Dill abwaschen und abtropfen lassen, Dill klein hacken.

4. Den Ingwer, Kurkuma, Joghurt, Limettensaft und Salz sowie Pfeffer in einen Mixer geben und pürieren. Die Fischstücke in die Marinade geben und 15 Minuten ziehen lassen.

5. Den Wok erhitzen und das Reisöl soweit erhitzen, dass frittiert werden kann. Die Fischsstücke für 3 Minuten frittieren.

6. Die Zwiebelstreifen ebenfalls mit der Chili frittieren und gut abtropfen lassen.

7. Den Fisch mit den Zwiebeln auf einem Teller anrichten und den Dill darüber streuen. Die Limette in Viertel schneiden und ein Viertel mit auf den Teller geben.

Glücksrollen - Goi Coun

Zubereitungszeit: 40 Minuten

Schwierigkeitsgrad: Leicht

Zutatenliste für 4 Portionen:

250g Schweineschulter, 100g Reisnudeln, 200g Garnelen gegart, 1 Salatherz, 100g Sojasprossen, 1/2 Bund Minze, 1/2 Bund Schnittlauch, 12 Reisblätter, 1 Chili, 1 Knoblauchzehe, 1 EL Zucker, 2 El Limettensaft, 4 EL Fischsauce

Zubereitung:

1. Die Schweineschulter für 30 Minuten in Salzwasser kochen. Die Schweineschulter danach herausnehmen und in feine Scheiben schneiden.

2. Die Nudeln nach Anleitung kochen und kalt abschrecken.

3. Die Garnelen von der Schale lösen und halbieren.

4. Den Salat waschen und in Streifen schneiden.

5. Die Kräuter sowie die Sojasprossen waschen und abtropfen lassen. Den Schnittlauch in 5 cm lange Stücke schneiden.

6. Das Reispapier einweichen und jeweils mit Salat, Sprossen, Nudeln, Garnelen, Schweinefleisch und Kräutern befüllen. Das Reispapier zur Mitte einrollen, die Seiten einklappen und fertig rollen.

7. Die Chili in feine Ringe schneiden und den Knoblauch schälen und mit der Chili und dem Zucker in einem Mörser zerreiben. Die Paste mit dem Limettensaft und der Fischsauce vermischen. Die Rollen in die Soße dippen und genießen.

Glasnudeln mit Krebsfleisch

Zubereitungszeit: 20 Minuten

Schwierigkeitsgrad: Leicht

Zutatenliste für 6 Portionen:

200g Glasnudeln, 2 EL Öl, 10 Schalotten, 3 Knoblauchzehen, 2 Stängel Zitronengras, 1 Paprikaschote Rot, 170g Krebsfleisch aus der Dose, 2 EL Fischsauce, 2EL Limettensaft, 2 TL Zucker, 1 Bund Koriander gehackt, 3 Frühlingszwiebel

Zubereitung:

1. Die Glasnudeln in heißem Wasser garen lassen und abgießen.

2. Die Schalotten schälen und in dünne Scheiben schneiden. Die Knoblauchzehe schälen und würfeln. Das Weiß der Zitronengrasstangen klein hacken. Alles zusammen in heißem Öl anbraten.

3. Die Paprika waschen und den Strunk sowie die Kerne entfernen, die Paprika in dünne Stifte schneiden und mit in die Pfanne geben. Die Glasnudeln ebenfalls hinzufügen und alles durchrühren.

4. Das Krebsfleisch mit der Fischsauce, dem Limettensaft und dem Koriander sowie dem Zucker vermischen. Kurz mit in die Pfanne geben. Alles unterheben und auf einem Teller anrichten.

5. Die Frühlingszwiebel waschen und die Wurzel entfernen, den Rest in dünne Ringe schneiden und darüber verteilen.

Garnelen Rollen

Zubereitungszeit: 40 Minuten

Schwierigkeitsgrad: Leicht

Zutatenliste für 4 Portionen:

20 Reisblätter, 150g Reis, 125g Krabben gegart, 250ml Wasser, 15g Ingwer gerieben, 1 Knoblauchzehe gepresst, 2 El Sesamöl, 4 EL Joghurt, 1 Salatgurke, Öl, Salz

Zubereitung:

1. Die Knoblauchzehe mit dem Ingwer und dem Sesamöl anbraten. Das neutrale Öl hinzufügen, ebenso wie den rohen Reis und das Wasser sowie Salz. Auf niedriger Temperatur für 20 Minuten köcheln lassen.

2. Die Gurke schälen und die Kerne entfernen, die Gurke und die Krabben klein hacken und mit dem Joghurt mischen.

3. Die Reisblätter in kaltem Wasser kurz einweichen. Auf jedes Blatt einen Esslöffel Reis sowie Krabben geben und die Blätterseiten einschlagen und das Reisblatt aufrollen.

Glasnudel Salat

Zubereitungszeit: 30 Minuten

Schwierigkeitsgrad: Leicht

Zutatenliste für 2 Portionen:

Saft 1 Limette, 15g Ingwer, 2 Knoblauchzehen, 2 Chili, 4 EL Fischsauce, 4 EL Wasser, 1 EL Zucker Braun, 1 EL Sesamöl, 2 TL Erdnuss Öl, 50g Sprossen, 50g Zuckerschoten, 150g Glasnudeln, 150g Garnelen küchenfertig, 5 Frühlingszwiebeln, 1 Bund Koriander

Zubereitung:

1. Den Saft der Limette mit der Fischsauce, dem Wasser, dem Sesam Öl sowie dem Erdnuss Öl sowie dem Zucker verrühren. Die Knoblauchzehe und den Ingwer schälen und über einer Reibe in den Limettensaft reiben.

2. Die Chili waschen und vom Strunk trennen, die Chili klein hacken und ebenfalls in das Dressing geben.

3. Die Zuckerschoten klein schneiden und mit den Sprossen für 2 Minuten in heißem Wasser blanchieren und in kaltes Wasser tauchen, damit die Farbe erhalten bleibt.

4. Die Garnelen in etwas Öl in einer Pfanne anbraten. Die Glasnudeln mit heißem Wasser übergießen und weich werden lassen.

5. Den Koriander waschen und klein hacken.

6. Alles zusammen in einer Schüssel vermischen und kurz ziehen lassen.

Lachstaschen

Zubereitungszeit: 30 Minuten

Schwierigkeitsgrad: Leicht

Zutatenliste für 4 Portionen:

4 Knoblauchzehen, 60g Cashewnüsse gehackt, 1 Bund Koriander, 1 Bund Basilikum, 80ml Erdnussöl, 650g Lachsfilet, 20 Blätter Reispapier

Zubereitung:

1. Die Kräuter waschen und abtropfen lassen. 20 Korianderblätter abzupfen und einzeln lassen. Den Knoblauch schälen und mit den Cashews und dem Koriander und dem Basilikum sowie dem Erdnussöl in einem Mixer pürieren.

2. Die Lachsfilets häuten und in 20 Stücke schneiden.

3. Das Reispapier im warmen Wasser einweichen und herausnehmen. Auf jedes Reispapier ein Korianderblatt legen, den Lachswürfel darauf platzieren und einen TL von dem Pesto hinzugegeben.

4. Das Reispapier verschließen zu Päckchen und die Päckchen in einer Pfanne mit etwas Öl kurz anbraten. Danach die Päckchen in einen Dämpfer setzen und 6 Minuten dämpfen.

Gerichte mit Rind

Bo Luc Lac Rindersalat Scharf

Zubereitungszeit: 35 Minuten

Schwierigkeitsgrad: Leicht

Zutatenliste für 4 Portionen:

400g Rinderbraten, 1 El Austernsauce, 2 EL Sojasauce, 1 Knoblauchzehe, 3 Chilischoten, 1 EL Zucker, 2 EL Limettensaft, 1 TL Salz, 1 Zwiebel, 400g Ananas frisch in Stücken, 1 Bund Brunnenkresse, 1 Bund Thai Basilikum, 3 EL Sesam Öl

Zubereitung:

1. Das Rindfleisch in Streifen schneiden und mit der Austernsauce sowie der Sojasauce mischen. Den Knoblauch schälen und klein hacken.

2. Die Chili waschen, den Strunk entfernen, die Chili klein schneiden und mit dem Zucker und dem Salz in einem Mörser zerstoßen. Den Limettensaft hinzufügen und alles auflockern.

3. Die Zwiebel schälen und in Viertel schneiden. Die Kräuter waschen und abtropfen lassen. Etwas klein hacken.

4. Das Öl erhitzen und den Knoblauch hineingeben, das Fleisch hinzufügen und unterrühren. Das Fleisch in eine Schüssel geben und mit den restlichen Zutaten vermischen.

5. Gut durchziehen lassen und abkühlen lassen.

Vietnam Bälle

Zubereitungszeit: 15 Minuten

Schwierigkeitsgrad: Leicht

Zutatenliste für 2 Portionen:

500g Rinderhack, 2 EL Honig, 6 Knoblauchzehen, 1 Zwiebel gehackt, 2 EL Speisestärke, 4 EL Fischsauce, 1 EL Austernsauce, 1 EL Hoisinsauce, 1/2 Bund Minze gehackt, 4 Stängel Basilikum gehackt, 1 Chili gehackt, 1 TL Salz, 1 TL Pfeffer

Zubereitung:

1. Das Hackfleisch mit den anderen Zutaten gut verkneten und 10 Minuten ziehen lassen.

2. Aus dem Hackfleisch kleine Hackbälle formen und diese ausrollen zu Stangen. In diese Stangen die Schaschlikspieße stecken und grillen.

Lolot Rinderhack

Zubereitungszeit: 40 Minuten

Schwierigkeitsgrad: Leicht

Zutatenliste für 2 Portionen:

250g Rinderhack, 1 Knoblauchzehe, 2 Frühlingszwiebeln, 1 Chili, 2 EL Fischsauce, 1 Bio Mandarine Schale sowie Saft, 2 Stängel Zitronengras gehackt, 1 Bündel Lolot, Pfeffer

Zubereitung:

1. Die Lolotblätter waschen und abtropfen lassen.

2. Die Schale der Mandarine sowie den Saft mit dem Hackfleisch vermischen. Die Knoblauchzehe schälen und klein hacken. Die Chili vom Strunk trennen und klein hacken. Die Frühlingszwiebeln waschen und klein hacken. Das Zitronengras klein hacken. Alles mit dem Hackfleisch verkneten und das Hackfleisch mit Pfeffer und Fischsauce würzen.

3. Die Lolotblätter mit der glänzenden Seite nach unten und mit dem Stielende zu Ihnen hingelegt. Auf jedes Blatt 2 Teelöffel der Füllung geben und halb aufrollen, die Seiten einschlagen und vollständig einrollen. Die Röllchen auf die Spieße geben.

4. Die Spieße auf dem Grill oder in der Pfanne von jeder Seite für 5 Minuten grillen oder braten.

Vietnam Ingwer Bälle Scharf

Zubereitungszeit: 15 Minuten

Schwierigkeitsgrad: Leicht

Zutatenliste für 2 Portionen:

500g Rinderhack, 2 EL Honig, 6 Knoblauchzehen, 1 Zwiebel gehackt, 2 EL Speisestärke, 4 EL Fischsauce, 1 EL Austernsauce, 1 EL Hoisinsauce, 1/2 Bund Minze gehackt, 4 Stängel Basilikum gehackt, 1 Chili gehackt, 1 TL Salz, 2 Chili gehackt, 20g Ingwer gerieben

Zubereitung:

1. Das Hackfleisch mit den anderen Zutaten gut verkneten und 10 Minuten ziehen lassen.

2. Aus dem Hackfleisch kleine Hackbälle formen und auf ein Backblech geben. Im Backofen bei 200°C ca. 15 Minuten backen.

Bo Nuong Vi

Zubereitungszeit: 40 Minuten

Schwierigkeitsgrad: Leicht

Zutatenliste für 2 Portionen:

3 Schalotten, 500g Rinderfilet, 1 EL Sesam, 3 Knoblauchzehen, 2 Chili, 1 EL Zucker, 2 EL Fischsauce, Prise Pfeffer, 2 EL Sesamöl, 2 EL Oliven Öl

Zubereitung:

1. Die Knoblauchzehe schälen. Die Schalotten schälen, beides grob hacken. Das Zitronengras soweit schälen, dass nur der weiße Teil übrig bleibt und diesen in grobe Stücke hacken.

2. Das Rindfleisch in sehr dünne Scheiben schneiden.

3. Das Oliven Öl in eine Pfanne geben und das Zitronengras, die Schalotten, den Knoblauch und die ganze Chili sowie den Zucker, die Fischsauce, Pfeffer und das Sesamöl anbraten.

4. Die Zutaten aus der Pfanne in einen Mixer geben und zu einer Paste pürieren. Das Fleisch darin einlegen und 1 Stunde ziehen lassen.

5. Das Fleisch knusprig braten.

6. Die Sesamsamen in einer Pfanne anrösten und über das Fleisch streuen.

Nuoc Mam Rindfleisch

Zubereitungszeit: 30 Minuten

Schwierigkeitsgrad: Leicht

Zutatenliste für 4 Portionen:

600g Rinderlende, 3 Frühlingszwiebel, 1 Paprika Rot, 60g Zuckerschoten, 1 Karotte, 2 Chili, 50g Ingwer, 2 Stangen Zitronengras, 2 Knoblauchzehen, 2 Zweige Minze, 4 EL Austernsauce, 4 EL Fischsauce, 3 EL Sojasauce, Saft 1 Limette, 200ml Wasser, 200g Reisnudeln, Öl

Zubereitung:

1. Den Knoblauch und den Ingwer schälen und mit der Chili, dem Zitronengras und der Minze in einem Mixer pürieren.

2. Die Paprika waschen und den Strunk sowie die Kerne entfernen, die Paprika in Stücke schneiden. Die Karotte waschen, das Grün entfernen und die Karotte raspeln. Die Zuckerschoten waschen und halbieren. Die Frühlingszwiebeln waschen und in Ringe schneiden.

3. Das Fleisch in einem Wok heiß anbraten und die Frühlingszwiebeln, Paprika und den Zuckerschoten sowie die Karotte anbraten.

4. Die Würzpaste sowie die Saucen hinzufügen und alles gut durchgaren. Den Limettensaft dazugeben und nochmals durchrühren.

5. Die Reisnudeln mit heißem Wasser übergießen und weich werden lassen.

Bun Bo Salat

Zubereitungszeit: 40 Minuten

Schwierigkeitsgrad: Leicht

Zutatenliste für 4 Portionen:

150g Reisnudeln, 500g Rindersteak, 2 Zwiebel, 6 EL Fischsoße, 3 EL Zucker Braun, Saft von 2 Limetten, 150ml Wasser, 1 Salatherz, 100g Sojasprossen, 1 Chili, 1 Bund Frühlingszwiebeln, 1 Bund Koriander, 1 Knoblauchzehe, 150g Erdnüsse gesalzen, 1 EL Sesam Öl, 1 Möhre

Zubereitung:

1. Das Rindfleisch zu dünnen Streifen schneiden. 1 EL Zucker mit 2 EL der Fischsauce mischen und das Fleisch damit marinieren.

2. Die Reisnudeln kochen und kalt abschrecken.

3. Das Wasser mit der Fischsoße und dem Zucker sowie dem Saft der Limetten aufkochen. Den Knoblauch schälen und reinpressen. Die Möhre waschen und das Grün entfernen. Die Möhre in dünne Scheiben schneiden und in die Soße geben. Alles 15 Minuten kochen und mit einem Stabmixer pürieren.

4. Den Salat, die Frühlingszwiebel und den Koriander waschen und abtropfen lassen. Alles in feine Streifen schneiden. Die Chili waschen und den Strunk entfernen, die Chili in feine Streifen schneiden. Die Zwiebel schälen und in dünne Ringe schneiden.

5. Das Fleisch scharf anbraten und die Sojasprossen kurz mit anbraten. Alles in eine große Schüssel geben und vermischen.

Nachtisch

Banh Chuoi Hap

Zubereitungszeit: 50 Minuten

Schwierigkeitsgrad: Leicht

Zutatenliste für 2 Portionen:

3 Tassen Bananenscheiben, 1 1/2 Tassen Tapioka Stärke, 3 EL Zucker, 1/2 Tasse Wasser, 1/2 Tasse Kokosmilch, 1 EL Stärke, 3 EL Wasser, 1 EL Zucker, 1 EL geröstet Sesam, 1 EL geröstete Erdnüsse gehackt, 1/2 Tasse Wasser

Zubereitung:

1. Die Bananenscheiben und den Zucker gut vermischen und 20 Minuten ziehen lassen.

2. Tapioka Stärke unterheben, halbe Tasse Wasser hinzufügen und erneut vermischen.

3. Den Teig in eine gefegte Form in den Dampfgarer geben und 20 Minuten garen. Den Kuchen auskühlen lassen und aus der Form lösen.

4. Die Kokosmilch mit einer halben Tasse Wasser und 1 EL Zucker aufkochen.

5. Dann 1 EL Stärke und 3 EL Wasser vermischen und zu der Soße hinzufügen. Zusammen 3 Minuten köcheln lassen.

6. Den Kuchen mit der Kokossoße und dem Sesam sowie den Erdnüssen servieren.

Xoí Süßer Reis

Zubereitungszeit: 20 Minuten

Schwierigkeitsgrad: Leicht

Zutatenliste für 4 Portionen:

140g Klebereis, 45g Mungobohnen, 250g Kokosmilch, 1 Prise Salz, 1 EL Zucker, 1 Dose Erdnüsse gesalzen, 3 EL Zucker Braun

Zubereitung:

1. Die Mungobohnen 3 Stunden im warmen Wasser einweichen. Den Klebereis für 1 Stunde ebenfalls einweichen. Danach das Wasser bei beidem abgießen und die Mungobohnen mit dem Reis vermischen.

2. Den Reis mit Salz und Zucker würzen. Die Bohnen-Reis-Masse in einen Dampfgarer geben und gleichmäßig verteilen. Die Kokosmilch darüber gießen bis der Reis bedeckt ist.

3. Den Dampfgarer auf 100°C garen. Nach 20 Minuten umrühren und bei Bedarf Kokosmilch nachfüllen. 10 Minuten weiter dünsten und erneut umrühren. Das wiederholen, bis der Reis weich ist.

4. Als Topping werden die Erdnüsse etwas klein gehackt und mit dem braunen Zucker vermischt.

Bananen Pudding

Zubereitungszeit: 20 Minuten

Schwierigkeitsgrad: Leicht

Zutatenliste für 4 Portionen:

2 Dosen Kokosmilch, 200g Tapioka Perlen, 60ml Wasser, 4 Tropfen Aroma Pandan, 1 Banane, 80g Zucker

Zubereitung:

1. Die Tapioka Perlen für 2 1/2 Stunden in Wasser einweichen.
2. Die Banane schälen und in Stücke schneiden.
3. Das Wasser der Tapioka abschütten und die Perlen mit 1 1/2 Liter Wasser und den Bananen in einen Topf geben. Den Zucker darüber streuen und alles mit der Kokosmilch aufschütten. Das Aroma dazu geben und alles aufkochen.
4. Die Perlen sollten klar schimmern, dann sind sie gar. Kalt oder warm servieren.

Ché Ba´Ba

Zubereitungszeit: 30 Minuten

Schwierigkeitsgrad: Leicht

Zutatenliste für 8 Portionen:

300g Manoik Cassava, 500g Süßkartoffel, 90g Mungobohnen, 80g Erdnüsse ungeröstet, 50g Tapioka, 1 Vanilleschote, 400ml Kokosmilch, Zucker, Prise Salz

Zubereitung:

1. Die Mungobohnen halbieren und schälen, dann für 30 Minuten in kaltem Wasser weichen lassen. Die Erdnüsse für 15 Minuten in heißem Wasser quellen lassen. Beides abgießen.

2. Die Cassava sowie die Süßkartoffel schälen, beides würfeln. Einen Topf mit 2 Liter Wasser aufkochen und die Bohnen, Erdnüsse sowie Süßkartoffeln und Cassava und Tapioka einrühren.

3. Alles für 15 Minuten kochen.

4. Den Zucker hinzufügen und die Vanilleschote hineingeben. Alles nochmal 15 Minuten köcheln lassen.

5. Die Kokosmilch hinzufügen und eine Prise Salz. Alles nochmals gut verrühren und abkühlen lassen.

Eierkaffee als Nachtisch

Zubereitungszeit: 10 Minuten

Schwierigkeitsgrad: Leicht

Zutatenliste für 1 Portion:

Espresso, 1 Eigelb, 10g Kaffeesahne, 1 TL Honig

Zubereitung:

1. Den Espresso kochen und in eine größere Tasse geben.
2. Das Eigelb mit der Kondensmilch und dem Honig mischen. Alles zusammen aufschlagen bis ein fester Schaum entsteht. Diesen Schaum auf dem Espresso verteilen.

Klebereis mit Mango

Zubereitungszeit: 65 Minuten

Schwierigkeitsgrad: Leicht

Zutatenliste für 4 Portionen:

300g Vietnamesischer Klebereis rundkorn, 250ml Kokosmilch, 150g Zucker, 2 EL Tapioka Mehl, 1 Mango

Zubereitung:

1. Den Klebereis im warmen Wasser waschen und etwa 4 Stunden einweichen. Den Klebereis in ein Sieb geben und abspülen.

2. Wasser in einem Topf erhitzen und den Reis im Sieb auf dem Topf aufsetzen. Den Topf mit einem Deckel abdecken. Diesen Vorgang solange beibehalten, bis der Reis weich ist.

3. Die Kokosmilch mit dem Zucker in einem Topf erhitzen und ca 10 Minuten köcheln. Die Kokosmilch mit dem Tapioka Mehl unter ständigem Rühren andicken und von der Herdplatte nehmen.

4. Den Reis einrühren.

5. Die Mango schälen und halbieren, den Stein entfernen und die Mango in Streifen schneiden. Den Reis zu Kugeln formen und mit der Mango servieren.

Getränke

Trá Dá Eistee Vietnam

Zubereitungszeit: 20 Minuten

Schwierigkeitsgrad: Leicht

Zutatenliste für 1 Portion:

2 TL Rohrzucker, 10 Eiswürfel, 1 Beutel Jasmin Tee, 150ml Wasser

Zubereitung:

1. Das Wasser aufkochen.

2. Den Tee in das heiße Wasser geben und für 8 Minuten ziehen lassen. Den Rohrzucker einrühren und auflösen.

3. Den Teebeutel entfernen und den Tee erkalten lassen, die Eiswürfel einfüllen.

Chanh Muói Gesalzene Zitrone

Zubereitungszeit: 10 Minuten

Schwierigkeitsgrad: Leicht

Zutatenliste für 1 Liter:

12 Bio Limetten, Wasser, 200g Salz grob, Einmachbehälter

Zubereitung:

1. Die Limetten heiß abwaschen und kurz in kochendes Wasser geben. Die Limetten danach abtrocknen und in die Sonne stellen.

2. Für das Salzwasser ca. 1 Liter Wasser und das Salz zum Kochen bringen. Das Wasser abkühlen lassen.

3. Die Limetten in Einmachgläser geben und mit dem Salzwasser befüllen. Sie müssen vollständig bedeckt sein. Das Behältnis für 1 Monat in die Sonne stellen.

4. Danach immer ca 10ml davon mit Wasser und Eiswürfeln in einem Glas auffüllen und trinken. Besonders an heißen Tagen hilft es gegen Schweißausbrüche.

In Vietnam wird dieses Rezept bis zu 10 Jahre in praller Sonne gelagert und dann erst genutzt. Es gilt als altes Heilmittel um den Körper zu reinigen, das Schwitzen einzustellen und Zeit für sich zu finden.

Nuoc Mia Zuckerrohrsaft

Zubereitungszeit: 10 Minuten

Schwierigkeitsgrad: Leicht

Zutatenliste für 1 Portion:

1-2 Stücke Zuckerrohr, 1 Orange, 1 Limette, 10 Eiswürfel

Zubereitung:

1. Das Zuckerrohr an den Enden abschneiden und vorsichtig schälen, das Fruchtfleisch muss auspresst werden. Entweder in einem sehr starkem Mixer oder in einem Fleischwolf.

2. Den Saft auffangen.

3. Die Orange halbieren und auspressen, ebenso die Limette.

4. Alles zusammen vermischen und die Eiswürfel hineingeben.

Eierkaffee Kardamom

Zubereitungszeit: 10 Minuten

Schwierigkeitsgrad: Leicht

Zutatenliste für 1 Portion:

Espresso, 1 Eigelb, 10g Kaffeesahne, 1 TL Honig, 1 Kardamom

Zubereitung:

1. Den Espresso kochen und in eine größere Tasse geben, den Kardamom hineingeben und ziehen lassen.

2. Das Eigelb mit der Kondensmilch und dem Honig mischen. Alles zusammen aufschlagen, bis ein fester Schaum entsteht. Diesen Schaum auf dem Espresso verteilen.

Ché nóng Ingwer

Zubereitungszeit: 25 Minuten

Schwierigkeitsgrad: Leicht

Zutatenliste für 1 Portion:

5g Ingwer, Saft einer Zitrone, 1 EL Honig,

Zubereitung:

1. Das Wasser aufkochen.

2. Den Ingwer mit über einer Reibe komplett zerreiben.

3. Den Ingwer mit 5 Esslöffel Wasser aufgießen und diesen Sud 15 Minuten ziehen lassen. Anschließend den Ingwer Sud durch ein feines Sieb laufen lassen.

4. Mit heißem Wasser, dem Zitronensaft sowie dem Honig auffüllen.

Haftungsausschluss

Die Umsetzung aller enthaltenen Informationen, Anleitungen und Strategien dieses Buches erfolgt auf eigenes Risiko. Für etwaige Schäden jeglicher Art kann der Autor aus keinem Rechtsgrund eine Haftung übernehmen. Für Schäden materieller oder ideeller Art, die durch die Nutzung oder Nichtnutzung der Informationen bzw. durch die Nutzung fehlerhafter und/oder unvollständiger Informationen verursacht wurden, sind Haftungsansprüche gegen den Autor grundsätzlich ausgeschlossen. Ausgeschlossen sind daher auch jegliche Rechts- und Schadenersatzansprüche. Dieses Werk wurde mit größter Sorgfalt nach bestem Wissen und Gewissen erarbeitet und niedergeschrieben. Für die Aktualität, Vollständigkeit und Qualität der Informationen übernimmt der Autor jedoch keinerlei Gewähr. Auch können Druckfehler und Falschinformationen nicht vollständig ausgeschlossen werden. Für fehlerhafte Angaben des Autors kann keine juristische Verantwortung sowie Haftung in irgendeiner Form übernommen werden.

Urheberrecht

Alle Inhalte dieses Werkes sowie Informationen, Strategien und Tipps sind urheberrechtlich geschützt. Alle Rechte sind vorbehalten. Jeglicher Nachdruck oder jegliche Reproduktion – auch nur auszugsweise – in irgendeiner Form wie Fotokopie oder ähnlichen Verfahren, Einspeicherung, Verarbeitung, Vervielfältigung und Verbreitung mit Hilfe von elektronischen Systemen jeglicher Art (gesamt oder nur auszugsweise) ist ohne ausdrückliche schriftliche Genehmigung des Autors strengstens untersagt. Alle Übersetzungsrechte vorbehalten. Die Inhalte dürfen keinesfalls veröffentlicht werden. Bei Missachtung behält sich der Autor rechtliche Schritte vor.

© Ngoc Han Nguyen 2022

1. Auflage

Kontakt: JT-Handels-UG/ Berumer Str. 44/ 26844 Jemgum